Veit Lindau
Selbstliebe

GOLDMANN
Lesen erleben

VEIT LINDAU

SELBST LIEBE

WILLKOMMEN ZU HAUSE IN DIR!

GOLDMANN

Penguin Random House Verlagsgruppe FSC® N001967

3. Auflage
Originalausgabe November 2016
© 2016 Wilhelm Goldmann Verlag, München,
in der Penguin Random House Verlagsgruppe GmbH,
Neumarkter Str. 28, 81673 München
Umschlaggestaltung: UNO Werbeagentur, München
Umschlagmotiv: © FinePic®, München
Lektorat: Mareike Fallwickl, Hof bei Salzburg,
Judith Mark, Freiburg i. Br.
fm · Herstellung: cb
Satz: Satzwerk Huber, Germering
Druck und Bindung: GGP Media GmbH, Pößneck
Printed in Germany
ISBN 978-3-442-22172-1
www.goldmann-verlag.de

Besuchen Sie den Goldmann Verlag im Netz

Willkommen zu Hause in dir.

Ich widme diese Zeilen dem Wunder,
das gerade dieses Buch in seinen Händen hält.
Du bist kostbar.
Die Welt wartet auf dich.

PROLOG

Ich freue mich sehr, dass wir uns gerade begegnen. Wunderbar, dass du dich für das so wertvolle und ergiebige Thema *Selbstliebe* interessierst. Dieser Band ist kein psychologischer Ratgeber im üblichen Sinne. Warum so viele von uns ein Problem mit Selbstliebe haben, ist in etlichen Büchern bereits ausführlich beschrieben worden. Ich möchte dich aber auch nicht nur unterhalten. Ich habe nichts Geringeres im Sinn, als mit dir gemeinsam die Welt zu retten. Vielleicht klingt das für dich noch ein wenig pathetisch. Lass es mich kurz erklären.

Für mich ist der innere Unfrieden der Menschen eine schlimme Beeinträchtigung, die unangenehme Symptome auf vielen Ebenen hervorbringt – geistig, emotional und körperlich, aber auch gesellschaftlich. Psychosomatische Erkrankungen, Burn-out, Depressionen, Streit, Scheidung, Krieg, Ressourcenausbeutung – all das ist letztlich auf die gestörte Beziehung des Menschen zu sich selbst zurückzuführen.

Wenn du dir deine letzte Woche einmal genauer anschaust – was du alles getan bzw. nicht getan hast und vor allem, *wie* du die Dinge angegangen bist –, würdest du sagen: »Ja, so lebt ein Mensch, der sich selbst liebt«? Was, glaubst du, tust du tag-

täglich – bewusst oder unbewusst – dafür, um von anderen Menschen anerkannt und geliebt zu werden?

Mal angenommen, du würdest dich zu 100 Prozent lieben, wie du bist, und dir treu zur Seite stehen – was würdest du sofort lassen, und womit würdest du sofort beginnen?

Berühren dich diese Fragen? Weißt du, wovon ich rede?

Dann bist du hier richtig. Als 2013 mein Buch »Heirate dich selbst« herauskam, war ich von der starken Resonanz darauf positiv überwältigt. Besonders berührt hat mich, wie viele Leser den Vorschlag, sich selbst zu heiraten, tatsächlich umsetzten. Seither kommt nach fast jedem meiner Vorträge ein strahlender Mensch zu mir nach vorn und zeigt mir glücklich seinen Ring oder berichtet mir von den wundersamen Umständen seiner Hochzeit mit sich selbst. Eine Frage, die mir die Leser von »Heirate dich selbst« und meine Klienten immer wieder stellen, lautet: »Wie kann ich Selbstliebe konkret und alltagsnah leben?«

Deshalb ist dieses Buch entstanden. Es enthält einige inspirierende Thesen und eine durch und durch praktische Selbstliebe-Kur. Du kannst die 27 Impulse einmal von vorn bis hinten ausprobieren. Für diesen Fall empfehle ich dir, nicht mehr als einen pro Tag umzusetzen. Du kannst das Buch aber auch einfach auf deinem Nachtschränkchen oder Arbeitstisch platzieren und bei Bedarf per »Zufall« einen Impuls auswählen und wie einen Tropfen *Selbstliebe-Medizin* genießen. Natürlich gibt es noch viel mehr wunderbare Methoden, deine Selbstliebe zu stärken. Doch dieses kleine Buch soll in jede Handtasche passen und dir vor allem die Erfahrung vermitteln, dass es ganz einfach ist, dich in deinem Alltag mehr zu lieben. Bestenfalls bist du am Ende der Lektüre auf gesunde Weise verliebt in dich und erforschst dich selbst voller Lust immer wacher und tiefer.

Bleib bitte locker

Verwandle meine Anregungen bitte nicht in die nächste Pflicht in deinem Leben, nach dem Motto »Ich *muss* mich nun selbst lieben lernen«. Der Virus des »Muss« steckt tief in unserem System. Kleine Kinder wissen nicht, was es bedeutet, etwas zu müssen. Für sie ist die Welt ein magischer Ort, der darauf wartet, von ihnen erobert zu werden. Sie lernen freiwillig. Aus der Begeisterung heraus. Das erklärt ihre erstaunliche Lern- und Entwicklungskurve in den ersten Jahren. Später wird ihnen diese Begeisterung leider regelrecht aberzogen. Unser Erziehungssystem ist (noch) nicht an freidenkenden Subjekten interessiert. Es stammt in seinen Grundzügen aus den Anfängen der Industrialisierung und hat daher den Zweck,

Menschen durch ein effizientes und standardisiertes Verfahren so schnell wie möglich in funktionierende und kontrollierbare Objekte zu verwandeln.

Uns wurde abgewöhnt, der Spur unserer natürlichen Begeisterung zu folgen.

Uns wurde beigebracht, das zu tun, was gelernt und getan werden *muss*.

So tendieren auch viele Jahre später die meisten Erwachsenen dazu, selbst die schönsten Dinge des Lebens aus der inneren Haltung »Ich muss« anzugehen.

Bitte sieh dieses Buch mehr als liebevolle Einladung, nicht als eine Anleitung. Probier aus, was dir Freude bereitet bzw. deine Neugier weckt. Mein Wunsch ist es, dich für dich selbst zu faszinieren.

Einfach ist gut

Die eventuell größte Hürde beim Lesen, besonders für die ganz Schlauen unter euch, könnte die Einfachheit der Tipps sein. Dein Verstand nimmt sie deswegen vielleicht nicht ernst. Doch du kannst mir glauben, jeder von ihnen hat es in sich. Nach über 20 Jahren im Coaching-Business und der Bewusstseinsforschung weiß ich:

> Wahrheit ist immer einfach.

Ich habe die Wirkung dieser Impulse selbst ausprobiert und ihre positiven Ergebnisse bei vielen
meiner Klienten beobachtet. Auch wenn du bereits eine coole Sau, ein Akademiker, eine erfolgreiche Unternehmerin oder ein erfahrener The-
rapeut bist – gib der Einfachheit eine Chance.
Probier es aus!

Einfachheit ist gut.

Veit

WIE URTEILST DU ÜBER DICH SELBST?

Dein Urteil über dich selbst entscheidet alles. Deine Selbstliebe basiert im Kern auf einem solchen Urteil über dich selbst:

> Bist du ein liebenswertes Wesen –
> genau so, wie du bist?

Dieser zentrale Standpunkt hat wenig damit zu tun, was du dir an der Oberfläche deines Bewusstseins erzählst. Du kannst dir einreden, dass du ein toller Typ bist, und dich dennoch in der Tiefe ablehnen. Der Wert, den du deiner Existenz zugestehst, ist ausschlaggebend. Er hat direkten Einfluss auf die Qualität deines Lebens. Ein Mensch, der sich selbst nicht liebt, kämpft. Nach außen und/oder nach innen. Er rennt den Menschen und Dingen, die er wertschätzt, hinterher, und wenn er sie hat, kann er sie nicht wirklich genießen. Da er sich als unvollständig und als »nicht richtig« erlebt, kann er leichter manipuliert werden – durch die Versprechen der Werbung, die Schönheitsideale der Modejournale, die Schuldvorwürfe des Partners oder religiöse Vorstellungen, die über den Wert eines Lebens richten. Er lässt sich vor den Karren der Leistungsgesellschaft spannen, denn er hofft, sein imaginäres Manko durch Status, Anerkennung und Macht beheben zu können. Selbst so wunderbare Methoden wie Yoga oder Meditation setzt er dafür ein, sich selbst zu optimieren. Ein Mensch, der sich nicht entspannt liebt, überträgt die Anspannung auf seine Umgebung. Er erniedrigt oder überhöht sich. Er lebt mehr von außen nach innen als ruhig und klar von innen nach außen.

Wenn es dir gelingt, dich auf einer tiefen Ebene radikal zu bejahen, ändert sich das ganze Spiel. Das, wofür du gekämpft hast, rollt nun einfach auf dich zu. Selbst wenn es ausbleibt, leidest du nicht, denn du hast dich. Du rennst nicht mehr besessen gegen Mauern – reale und erdachte –, sondern siehst die offenen Türen und Chancen. Menschen sind gern mit dir zusammen, denn weil du dich liebst, müssen sie dich nicht ständig mit Aufmerksamkeit bedienen. Ein Mensch, der weiß, dass er wertvoll ist, weiß auch, dass jedes andere Wesen genauso wertvoll ist. Er liebt großzügig und unterstützt andere in ihrem Erblühen. Er ist überall zu Hause, denn er ist in sich zu Hause. Er braucht keine Gottesbilder, auf die er Schuld und Scham und Besonderheit projiziert. Wenn überhaupt, heißt sein Gott Güte. Er lernt schneller, weil er Lust hat, sich selbst zu entdecken, und sich nicht davor fürchtet, Fehler zu machen.

Verstehst du jetzt, warum es so wichtig ist, dass du gut über dich urteilst?

SELBSTLIEBE IST KEIN
THEORETISCHES KONZEPT

Selbstliebe ist gelebtes Leben oder nichts.

Doch vor allem in der psychospirituellen Szene treffe ich oft auf wunderbare Menschen, deren Kopf – vorsichtig gesagt – etwas vollgestopft ist mit Konzepten. Über ihr *inneres Licht*. Ihr *göttliches Selbst*. Ihre *Entwicklungsstufe* ... Ich liebe gute Konzepte. Ich lehre sie sogar. Doch unterm Strich geht es im Leben nicht darum, was wir intellektuell wissen, sondern darum, wer wir wirklich sind. Deshalb bitte ich dich, dieses Buch als Einladung zu verstehen, genauer hinzuschauen und dich mutig der Frage zu stellen:

Was von dem, was du zu wissen glaubst, lebst du auch?

Von Selbstliebe zu reden ist keine Kunst, wenn wir an einem sonnigen Tag, das Konto im Plus, nach gutem Sex auf unserem Meditationskissen sitzen, unser Lieblingsmantra hören und uns auf ein üppiges Frühstück freuen.

In den dunklen Stunden,
wenn nichts mehr funktioniert,
wenn die, die dir wichtig sind, sich abwenden,
du nicht mehr weißt, wo oben und unten ist,
wer liebt dich dann?
Wer bist du dann?
Weißt du dann immer noch,
wer du wirklich bist?
Wenn du dich hier findest,
wenn du dich in solchen Momenten
liebevoll halten kannst,
bist du frei.

Lass uns diese tiefe Form der Selbstliebe erforschen.

Ein Mensch, der sich so radikal liebt,
wird zu einer Oase des Friedens für alle.

Dein Strahlen wird andere an ihr Licht erinnern. Plötzlich werden sie dir all das entgegenbringen, wofür du immer gekämpft hast. Und du wirst es gelassen genießen können, in dem Wissen, es nicht mehr zu brauchen.

Dann hast du dich von einem bedürftigen Konsumenten in einen überfließenden Quell verwandelt.

Selbstliebe ist nicht nur ein psychologisches Konzept oder ein spirituell motivierter Selbstverwirklichungsspleen. Sie gehört nicht nur in Bücher oder Seminare. Sie geht uns alle an. Sie wird gebraucht. Dringender denn je. Sie ist die nächste anstehende Evolutionsstufe des Menschen. Damit er zu einem Wesen wird, das sich erkennt und in all seinen Licht- und Schattenaspekten annehmen und lieben lernt.

Wir brauchen Eltern, die sich selbst lieben und dadurch die besten Vorbilder für ihre Kinder sind.

Wir brauchen Kindergärten und Schulen, die Selbstliebe selbstverständlich ermöglichen.

Wir brauchen Unternehmen, die ihre Mitarbeiter nicht mehr als »human resources«, sondern »human beings« ansehen.

Wir brauchen Politiker, die authentisch auftreten und gerade deshalb überzeugen, weil sie ausstrah-

len, dass sie mit sich selbst und den eigenen Werten im Reinen sind.

Wir brauchen ein reifes Verständnis davon, was Selbstliebe bedeutet und wie wir sie tagtäglich auf der Übungsmatte unserer Herausforderungen praktizieren und vertiefen können.

Wir brauchen Selbstliebe als Schulfach, als Bundesministerium, als kulturelles Gut – als Fundament unserer Gesellschaft.

SELBSTLIEBE ≠ EGOISMUS

Wer Selbstliebe mit Egoismus gleichsetzt, hat beides nicht verstanden. Egoismus ist eine wichtige Entwicklungsstufe jedes Menschen. Du lernst dich und deine Bedürfnisse kennen und sorgst dafür, dass sie erfüllt werden. Daran ist nichts verkehrt. Das ist gesund.

Selbstliebe hilft dir, dich nicht nur zu verstehen, sondern auch zu erkennen, dass du mehr als dein Ego bist. Dadurch kannst du deinen Egoismus entspannter leben und bleibst nicht in ihm hängen. Denn da ist mehr. Viel mehr.

> Du *hast* ein Ego, aber du *bist* nicht dein Ego.
> Das ist ein großer Unterschied.

Der Job deines Egos ist es, sich darum zu kümmern, dass du sicher überlebst, dich fortpflanzen kannst und eine möglichst gute Position in deiner Herde abbekommst. Ein wichtiger Job! Dafür darf das Ego ruhig wertgeschätzt werden. Du darfst nur nicht glauben, es hätte das alleinige Sagen. Denn dann wird es schwierig.

Wenn du dich selbst achtsam annimmst und erforschst, stellst du fest, dass du mehr bist als ein kleines, von anderen getrenntes Fleischklöpschen. Du entdeckst, dass du mit deinen Mitmenschen

verbunden bist. Du reifst und gehst von der *Ego-zentrik* in die *Ethnozentrik*. Du identifizierst dich nicht mehr nur mit deinem kleinen Ich, sondern mit deinem Stamm, deinem Team. Deine Selbstliebe breitet sich von dir auf deine liebsten Mitmenschen aus. Doch auch hier musst du nicht stehenbleiben. Reift dein Bewusstsein weiter, wachst du eines Morgens auf und siehst – kristallklar –, wie alles mit allem verbunden ist. Dein ethnozentrisches Bewusstsein dehnt sich in eine *weltzentrische* Perspektive aus. Und so weiter ...

Ein Mensch, der nicht weiß, wer er wirklich ist, versucht natürlich, alle Freuden des Lebens aus seinem kleinen Ego herauszuquetschen. Das ist nicht nur zum Scheitern verurteilt, es nervt alle Menschen in seinem Umfeld kolossal.

> Ein Mensch, der sein wahres Selbst liebt, integriert sein Ego auf entspannte Weise.

ENTWICKLUNG IST NATÜRLICH

Wenn meine Klienten sich beschweren, weil sie das Gefühl haben, sich nicht schnell genug zu entwickeln, und mich fragen, was sie noch tun können, sage ich ihnen: **Du tust nicht zu wenig. Du tust zu viel.**

Das kann nicht oft genug betont werden. Wir wurden zum *Machen, Kontrollieren, Optimieren* erzogen.

Der Fisch wird sich des Wassers nicht dadurch bewusst, dass er noch schneller schwimmt, um es endlich zu erreichen. Er darf sich entspannen und realisiert dann, dass es schon immer da war.

> Du darfst dich entspannen.
> Du musst nicht mehr kämpfen.
> Du bist bereits liebenswert.
> Genau so, wie du bist.

Glaub mir, ich bin kein Entwicklungsgegner.
Ich liebe es, jeden Tag herauszufinden, was noch geht.
Ich habe eine laaange Liste mit Fähigkeiten, die ich noch verbessern bzw. mir aneignen möchte.
Und wie oft habe ich mich so sehr angestrengt!

Doch nach fast 50 Jahren auf diesem Planeten weiß ich um ein kostbares Geheimnis. Es ist ein (scheinbares) Paradox:

> Wir verändern uns nicht,
> indem wir anders sein wollen, als wir sind.
> Wir beginnen uns natürlich zu verändern,
> wenn wir voll anerkennen, wer wir jetzt sind.

Deshalb wirst du in diesem Buch viele Übungen finden, die dich dazu einladen, das, was ist, anzuerkennen. Gib dieser zu Beginn vielleicht überraschenden Schlichtheit eine Chance – und dann schau, was passiert! Dein Bewusstsein ist auf eine unbegreifliche Art intelligent und lebensfördernd.

Wenn du dir erlaubst, bewusst anzuerkennen, was ist, ...

... dein Licht und deine Schatten,
... deine Stärke und deine Verletzbarkeit,
... deine Klarheit und deine Fragen,

gestattest du deinem Bewusstsein, sich auf entspannte, neugierige Weise dem, was dich eben auch alles ausmacht, zu nähern, es zu durchdringen und (jetzt kommt's!) es von innen heraus weiterzuentwickeln. Nicht einem Konzept, sondern der Weisheit des Lebens folgend.

Klingt das gut?
Es ist gut!

Ich erkläre dies so ausführlich, weil ich möchte,
dass du von Beginn an einen kapitalen Denkfeh-
ler vermeidest:
Dieses Buch dient nicht dazu,
dein Wesen mühsam um irgendwas zu ergänzen,
hart an deinen Schwächen zu arbeiten
und dich zu optimieren.

Dieses Buch ist eine Einladung
wegzulassen, was du nicht bist,
aufzuhören, gegen dich zu kämpfen,
und dich endlich in deiner natürlichen Schönheit
zu erkennen.

Selbstliebe darf einfach sein.

EINLADEN, INSPIRIEREN, ERMUTIGEN

Wenn du willst, dass sich Selbstliebe als selbstverständliche Gewohnheit in deinem Leben etabliert, über die du gar nicht mehr nachzudenken brauchst, ist es wichtig, mit deinem Gehirn zu kooperieren. Aus neurobiologischer Sicht sind all deine destruktiven Denk-, Gefühls- und Verhaltensgewohnheiten nichts weiter als erlernte, neuronal verankerte Muster.

Lass dich davon nicht frustrieren. Wir wissen mittlerweile, dass unser Gehirn lebenslang veränderbar ist. Diese sogenannte Neuroplastizität bedeutet, du kannst auch heute – egal wie alt du bist – neue Verschaltungen zwischen deinen Nervenzellen anlegen, die dazu führen, dass du anders denkst, anders fühlst, anders agierst.

Allerdings gilt es dabei zu beachten, dass dein Gehirn nicht zu Lernprozessen gezwungen werden will. Es möchte von dir zum Neulernen verführt werden. Und das geht den Erkenntnissen des bekannten Neurobiologen Gerald Hüther zufolge am besten durch:

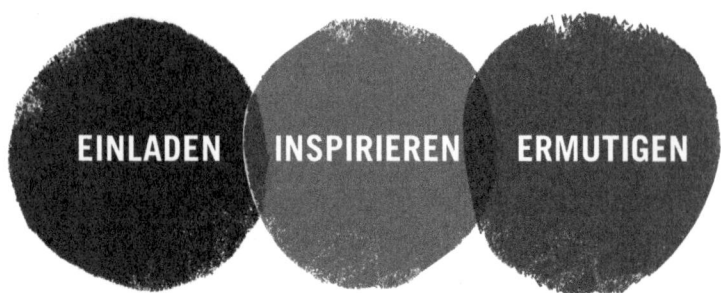

Einladen. Lade dich selbst dazu ein, diese Seiten zu lesen. Mach es nie zur Pflicht. Lass sie ruhen, wenn es anstrengend wird. Sieh jede einzelne Übung als ein Geschenk, das du auspacken darfst, aber nicht musst.

Inspirieren. Unser Gehirn besitzt unter anderem die wundervolle Gabe, stark auf Bilder zu reagieren. Wenn du ihm gute Bilder vorsetzt – in Form aufmunternder Fragen, hoffnungsfroher Visionen oder wahrer Geschichten anderer –, dann *inspirierst* du es. Wörtlich übersetzt: Du hauchst ihm Geist ein. Das Gegenteil bewirken negative Bilder. Sie rauben dir die Freude und die Hoffnung. Deshalb möchte ich dich ermutigen, dir in den kommenden Tagen und Wochen, während du mit diesem Buch arbeitest, bewusst viele positive Bilder vorzusetzen. In Form ermutigender Nachrichten, schöner Bilder deiner Zukunft ...

Sei gut zu deinem Gehirn, und es vollbringt wahre Transformationswunder für dich.

Ermutigen. Manche der in den folgenden Kapiteln angesprochenen Themen sind heikel, berühren schmerzhafte Punkte, decken Konflikte auf. Zwing dich nicht, dich ihnen zu stellen. Rede dir gut zu, wie einem neugierigen, aber vorsichtigen Kind. Steh dir selbst geduldig zur Seite.

Die aktive Selbstliebe-Kur

Nun werden wir konkret. Auf den folgenden Seiten erwarten dich 27 praktische Einladungen, Selbstliebe zu erfahren und zu vertiefen. Greife dir spontan einen Tipp heraus oder geh das Ganze wie eine komplette Selbstliebe-Kur Impuls für Impuls an!

Auf jeden Fall: Hab Spaß! Das ist dein Leben.

IMPULS 1: SAG JA ZU DIR

Achtung! Dieses Kapitel enthält eine verblüffend einfache und wahre Botschaft. Die darfst du nicht nur mental verstehen. Die musst du »kriegen«. Bis du über beide Ohren grinst.

Übung

Wenn du magst, mach dir vorher die Mühe, schnapp dir ein Blatt Papier und liste alle Gründe auf, die dich davon abhalten, dich voll und ganz liebzuhaben. Etwa

- verkorkste Kindheit
- emotionale Traumata
- zu hässlich
- zu dick
- zu dumm
- ...

Hast du das gemacht? Gut.
Jetzt habe ich eine Frage an dich. Du warst doch sicher schon einmal in einem Wald spazieren. Bist du je auf die Idee gekommen, einer Eiche deine Liebe zu entziehen, weil sie krumm und knorzig gewachsen war und sich dem Himmel nicht so

rank und schlank entgegenstreckte wie eine Birke? Vielleicht mochtest du den einen Baum mehr als den anderen, doch du hast sie sicher beide geachtet. Wieso? Weil du nicht auf die Idee gekommen bist, sie als falsch oder richtig zu bewerten. Du bist ihnen und sehr wahrscheinlich allen Aspekten der Natur vorurteilsfrei begegnet.

All das, was du an Gründen aufgelistet hast und dir auch immer wieder erzählst, sind das wirklich echte Hindernisse? Oder werden sie dazu erst in deinem Geist, weil du Nein zu ihnen sagst? Nein zu dem, was du erlebt hast. Nein zu deinem Körper. Nein zu deinem speziellen Mix an Talenten. War dieses Nein schon immer da? Oder wurde es dir beigebracht? Wer hat dir wann eingeflüstert, was an dir liebenswert ist und was nicht? Warum schenken wir den seltsamsten Straßenkötermischungen unsere bedingungslose Liebe, sehen aber einen Makel, wenn wir in den Spiegel schauen? Ist das die Wahrheit oder ein anerzogenes Urteil?

Das Problem mit den meisten Urteilen über uns ist, dass sie aus einer sehr frühen Zeit stammen. Wir erinnern uns nicht mehr daran, wo und von wem wir sie uns eingefangen haben. Wir wissen nur, dass sie da sind. Wir stellen sie nicht infrage, sondern leben mit ihnen.

Was, wenn du so smart wärst, das zu durchschauen?
Was, wenn du erkennen würdest, dass dich kein »Grund« dieser Welt davon abhalten kann, dich zu lieben, es sei denn, dein Geist gibt ihm die Macht dazu?
Was, wenn du heute beginnen würdest, dir mit einem radikalen JA zu begegnen?

Warum radikal?
Weil es ein JA ohne Ausnahme sein muss.
Ein JA zu deinem Licht und zu deinem Schatten.
Ein JA zu deiner Liebe und zu deinem Hass.
Ein JA zu deinen schönen Augen und deinem dich so nervenden Hüftspeck.
Ich höre dich gerade laut denken: »Veit, ich kann doch nicht zu dem JA sagen, was ich nicht mag!?«
Wer sagt das?
Hast du es je ausprobiert?
Ich verlange ja nicht von dir, dich rundherum toll zu finden. Das wäre nur die nächste Lüge. Ein JA bedeutet simpel, den Baum, der du bist, genau so anzuerkennen, wie er ist. Mit seiner Geschichte, seinen Narben, seiner nicht für Hochglanzheftchen taugenden Figur, mit deinem so komplexen, niemals perfekten Charakter.
Probier es aus. Nur für einen Tag.

Steh am Morgen auf. Schau in den Spiegel. Und sage JA zu dir.
JA, ich lebe.

JA, heute fühlt sich wie ein guter Tag an.

JA, ich bin traurig.

JA, ich liebe meinen Busen.

JA, ich habe einen Bauch.

JA, ich denke, er sollte kleiner sein.

JA, ist er aber nicht. Er ist heute, wie er ist. Heute gebe ich ihm mein JA. Ich beseele ihn von innen.

Ich gebe meiner Verletzbarkeit mein JA.

Meinen Fragen.

Meiner Lust auf Sex.

Meinem Sprachfehler.

Ich finde dieses Spiel bekloppt. JA.

Ich habe Freude an diesem Spiel. JA.

Ich weiß manchmal nicht weiter. JA.

Ich bin manchmal wirklich schlau. JA.

Ich bin, wie ich bin. JA.

…

Probier es aus. Nur einen Tag.

Geh am Abend mit einem JA auf den Lippen ins Bett.

Wenn es sich gut anfühlt, mach weiter.

Hol dein JA zu dir zurück.

Mach dir keine Sorgen um deine Gefühle.

Sie werden deinem JA im Lauf der Wochen folgen.

Bis du eine positiv irritierende Offenbarung hast: Da stehst du, in deiner Nichtperfektion, mit all deinen Mängeln.

Doch immer öfter schleicht sich ein sanftes, verstehendes Grinsen auf dein Gesicht.

Denn du fühlst ein zartes, tiefes, bedingungsloses JA zu dir.

Genau das, was du dir immer von deinen Eltern, deinen Liebsten, von Gott gewünscht hast.

Darf das sein?

Ja.

Denn du bist ein Wunder.

Jedes begrenzende Urteil über dich ist Blasphemie.

Um Missverständnissen vorzubeugen: Alles zu bejahen heißt nicht, alles auszuleben. Ja zu deiner Wut zu sagen, bedeutet nicht, sie blind auszuagieren. Es heißt einfach nur: Du erkennst sie an. Wir kommen im Abschnitt »Selbstachtung« noch auf die Bedeutung von Werten zu sprechen.

Du brauchst auch nicht zu befürchten, dass dein radikales JA deine Entwicklung stagnieren lassen wird. Im Gegenteil. Was meinst du wohl, welches Kind sich freier und schneller entwickelt? Eines, das ständig gegängelt wird, oder eines, das in einem liebevollen Umfeld aufwächst?

Deine Vergangenheit wird sich lösen.

Deine Emotionen balancieren sich aus.

Deine Macken offenbaren vielleicht einen unter dem NEIN verborgenen Wert.

Und was ist mit deinen »überflüssigen« Pfunden? Du hast doch sicher schon festgestellt, was nach den Diäten passiert? Stell dir vor, jede Fettzelle deines Körpers würde von innen heraus leuchten,

weil du ihr dein JA schenkst. Erstens wärst du sofort unwiderstehlich sexy. Zweitens hätte dein Körper vielleicht zum allerersten Mal die Gelegenheit, aus sich heraus zu entscheiden, was sein ideales Gewicht ist.

Dieses radikale JA katapultiert dich sanft in ein völlig neues Spiel. Hier geht es nicht mehr darum, alles endlich richtig zu machen, sondern es begeistert in all seinen Dimensionen auszuloten. In diesem Spiel tritt kein verängstigtes Ego gegen das Universum an. Sondern du erfährst, dass von Anfang an alles auf deiner Seite gestanden hat. Es war dein Nein, das aus einem Aspekt deines Lebens einen Gegner gemacht hat. Es ist dein JA, das das gesamte Spiel in eine vollkommene Schöpfung des Lebens verwandelt.

Nicht so viel drüber nachdenken.

Du musst es kriegen.

Probier es aus.

JA!

Auf der Website www.erfolgswerk.tips findest du zur Einstimmung in das Thema Selbstliebe einen kompletten Videovortrag von mir im Leserbereich. Du kannst ihn auf dem PC oder dem Smartphone ansehen oder downloaden. Ich wünsche dir Freude und spannende Erkenntnisse.

Ehrlichkeit

Hier geht es uns nicht um die Ehrlichkeit anderen, sondern dir selbst gegenüber. Und um deine Bereitschaft, nüchtern anzuerkennen, was ist. Es ist auf Dauer sinnlos, dir etwas vorzumachen. Du fühlst dich vielleicht kurzfristig besser, doch dein Bewusstsein ist ja nicht doof. Es weiß, dass du nicht auf festem Boden stehst.

Kennst du das Märchen »Des Kaisers neue Kleider« von Hans Christian Andersen? Es handelt von einem Kaiser, der sich für viel Geld neue Gewänder weben lässt. Was er nicht weiß: Die Schneider sind Betrüger. Sie machen ihm vor, dass die Kleider nur von Leuten gesehen werden können, die ihres Amtes würdig und nicht dumm sind. Tatsächlich aber tun die Schneider nur so, als würden sie Kleider weben. In Wahrheit geben sie dem Kaiser nichts. Er wagt es nicht zuzugeben, dass er die Gewänder nicht sehen kann. Statt sich auf seine eigene Wahrnehmung zu verlassen, hält er sich an das, was die Schneider ihm gesagt haben, weil er eitel ist und innerlich unsicher – genau wie seine Berater, die den schönen Stoff loben. Keiner traut sich, das Risiko einzugehen, als dumm und unwürdig dazustehen. Bei einem Festumzug präsentiert der Kaiser seine neuen Kleider – und ist in Wahrheit nackt. Der Schwindel fliegt erst auf, als ein Kind ausspricht, was alle denken: Die Kleider des Kaisers existieren nicht.

Werden wir nicht oft ebenfalls Opfer unserer inneren Unsicherheit? Wir glauben, wenn wir nur laut genug lachen, bemerkt niemand, dass wir innerlich nicht auf festem Boden stehen. Wenn wir nur schön genug reden, müssen wir unseren Neid nicht mehr fühlen. Stell dir eine Gesellschaft vor, in der es selbstverständlich wäre, alles, was eh da ist, anzuerkennen. Stell dir vor, du würdest dir diese Freiheit gönnen. Wärst du dadurch verletzbarer? Nein, auch wenn sich diese Freiheit zunächst vielleicht so anfühlen würde. Etwas, das du bewusst anerkennst, musst du nicht mehr vor dir und anderen verbergen. Es steckt so viel Lebenskraft darin!

Erinnere dich: Etwas, das sein darf, entspannt sich und wandelt sich aus sich heraus.

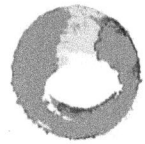

IMPULS 2: ANERKENNEN, WAS SCHEISSE IST

Dieser Impuls ist sehr empfehlenswert, wenn du gerade mit dir oder deinem Leben kämpfst.

Übung

Stell dich allein vor einen Spiegel. Schau dir in die Augen und beginne, laut anzuerkennen, was alles schiefläuft, womit du haderst, was du scheiße findest. Sprich unzensiert. Sag es so, wie dir zumute ist.

- Ich hasse, dass ich zu dick bin.
- Ich verachte mich für meinen Neid.
- Ich bin mit meinen Ergebnissen in ... unzufrieden.
- Ich fühle mich bedürftig.
- ...

Lass alles raus.
Bis es still wird.

Es geht bei dieser Übung nicht darum, irgendetwas zu verändern, sondern lediglich darum anzuerkennen, was ist. Oft wirst du jetzt bereits eine wohltuende Entspannung spüren. Wenn du dir zusätzlich etwas Gutes tun möchtest, mach gleich mit den Übungen aus Impuls 9 bzw. Impuls 22 weiter.

IMPULS 3: SCHLIESSE FRIEDEN MIT DEINEN SCHWÄCHEN

Jetzt wird es spannend, herausfordernd und im Endeffekt wahrscheinlich sehr erleichternd. Stell dir vor, du würdest um deine Schwächen kein Drama machen und auch nicht versuchen, sie dir schönzureden.

Übung

Erstelle eine Liste mit den Aspekten deiner Persönlichkeit, die du als Schwächen ansiehst. Was bist du deiner Meinung nach zu viel oder zu wenig?

- zu faul
- zu kleingeistig
- zu dick
- nicht diszipliniert genug
- nicht schön genug
- nicht mitfühlend genug

Schritt 1: Zeichne auf ein A4-Blatt (Querformat) vier Spalten.
Schritt 2: Schreib alle deine Schwächen untereinander in die linke Spalte. Lies sie dir laut vor. Wie

fühlt es sich an, wenn du anerkennst, dass du diese Schwächen hast? Es kann gut sein, dass sich allein dabei in dir ein Gefühl von innerem Frieden einstellt.

Schritt 3: Lote das Veränderungspotenzial aus. Lies dir die Liste nochmal durch. Frage dich nüchtern bei jeder »Schwäche«, ob sie überhaupt Veränderungspotenzial hat. Ein Beispiel: An deinem Gewicht könntest du etwas verändern. An einer Neigung zur Introvertiertheit nicht. Vergib dafür in der zweiten Spalte 0–5 Punkte. 0 = Ich sehe gar kein Veränderungspotenzial. 5 = Ich sehe starkes Veränderungspotenzial.

Schritt 4: Stelle fest, ob Veränderungswille besteht. Es kann ja sein, dass du eine deiner »Schwächen« zwar rein theoretisch umgestalten könntest, das aber, wenn du ganz ehrlich bist, gar nicht willst. Hier ist wirklich Ehrlichkeit gefragt. Eventuell erzählst du nur dir und den anderen die ganze Zeit, dass du etwas verändern *willst*, weil du denkst, du *solltest* etwas tun. Doch eigentlich bist du nicht aus dir heraus motiviert. Wie wäre es, wenn du damit aufhören würdest? Hör einfach auf, so zu tun, als ob. Das spart eine Menge Energie. Vergib dafür in der dritten Spalte 0–5 Punkte. 0 = Ich will gar nichts daran verändern. 5 = Ich will es unbedingt verändern.

Schritt 5: Entdecke neue Perspektiven. In die rechte Spalte trägst du neue Perspektiven ein, die dir

helfen, deine sogenannte Schwäche in einem posi-
tiveren Licht zu sehen: Vielleicht ist sie, genau be-
trachtet, gar nicht so schlimm. Wer sagt überhaupt,
dass dies eine Schwäche und nicht nur eine Eigen-
schaft ist? Was könnte ihr verborgener Wert sein?
Wie könntest du mit anderen Menschen kooperieren, sodass sich eure Schwächen und Stärken ergänzen?

Und, wie fühlt sich ein Mensch, der seine Schwächen integriert hat?

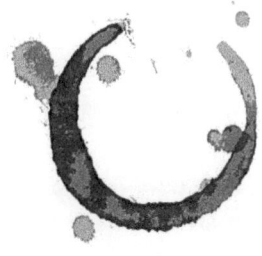

IMPULS 4: SCHLIESSE FRIEDEN MIT DEINEN NIEDERLAGEN

Ich denke, du hast nun das zentrale Prinzip der Ehrlichkeit verstanden. Sie holt die ungeliebten Aspekte deines Lebens ins Licht deines Bewusstseins.

Was da sein darf, entspannt sich.
Was sich entspannt, gibt die im Kampf gespeicherte Kraft frei.
Was sich entspannt, offenbart seinen Wert.

Ein weiterer ungeliebter Aspekt unseres Lebens sind unsere sogenannten Niederlagen. Die Gesellschaft suggeriert uns Kontrolle, stetiges Wachstum und Optimierung. Doch das Leben hält sich nicht an unsere Regeln. Es entwickelt sich azyklisch. Manchmal fällt es in sich zusammen. Manchmal beschert es uns scheinbare Rückschläge. Wenn wir gegen diese Momente kämpfen, verwandeln sie sich in unserem Geist in Fehler und Niederlagen. Wir schämen uns, weil wir nicht perfekt funktionieren. Schuld und Scham sind die mit Abstand lähmendsten Gefühle. Sie rauben uns Kraft und verhindern, dass wir aus unseren Lebenslektionen lernen.

Damit ist nun Schluss. Hol deine sogenannten Niederlagen und Fehler nach Hause.

Übung

Diese Übung kannst du allein oder mit einem vertrauten Menschen durchführen. Dann bekommt sie zusätzlich die Dimension einer erleichternden Beichte.

Schritt 1: Zeichne auf ein A4-Blatt (Querformat) fünf Spalten.

Schritt 2: Schreib in die linke Spalte untereinander alle Niederlagen und Fehler deines Lebens, bei denen du spürst, dass Lebenskraft in Form von Schuld oder Scham festhängt. Lies sie dir laut vor. Erlaube dir sehr bewusst wahrzunehmen, wie dich deine inneren Urteile über diese Ereignisse belasten. Wie fühlt es sich an, wenn du anerkennst, dass dir all dies passiert ist? Es kann gut sein, dass sich allein dadurch ein Gefühl von innerem Frieden einstellt.

Schritt 3: Erforsche. Lies dir die Liste nochmal durch. Schreib nun in die zweite Spalte in Kurzform und so ehrlich wie möglich, was du in Bezug auf diese Niederlagen fühlst und denkst. Warum haderst du damit? »Ich hätte diesen Fehler vermeiden müssen. Ich fühle mich schuldig, weil meine Kinder unter dem Bankrott gelitten haben.« Wie ist es für dich, wenn du dies alles offen auf den Tisch legst?

Schritt 4: Verteidige dich. Führe nun in der dritten Spalte alle Argumente an, die dir helfen, das jeweilige Ereignis in einem milderen Licht zu sehen: »Shit happens. Ich habe damals alles gegeben, was mir möglich war. Ich wusste es einfach noch nicht besser. Ich darf Fehler machen. Ich bin nicht der Einzige, der einen Bankrott erlebt.«

Schritt 5: Korrigiere. Schreib in die vierte Spalte deine Korrekturerkenntnisse. Gibt es Möglichkeiten, das Geschehene wiedergutzumachen? Was hast du daraus gelernt? Wie wirst du es ab jetzt besser oder anders machen? Was ist der Wert dieser Erfahrung?

Schritt 6: Finde deinen Frieden. Frage dich nun, ob du bereit bist, mit dem Ereignis Frieden zu schließen. Wenn du ein aufrichtiges JA spürst, schreib in die letzte Spalte: »Ich bin damit in Frieden.« Selbst wenn es sich noch nicht so anfühlt. Schließe deine Augen und stell dir vor, wie die in dieser Erfahrung gespeicherte Lebenskraft zu dir in die Gegenwart zurückkommt.

Wenn ein NEIN als Antwort aufkommt, respektiere es. Du kannst dann noch einmal die Augen schließen und dich fragen: »Was müsste geschehen, damit ich Frieden schließen könnte?« Meist wirst du darauf sehr präzise Antworten bekommen. Doch selbst wenn da einfach nur ein NEIN ist, akzeptiere es. Dein Unterbewusstsein ist schlauer als dein bewusster Wille. Es hat offenbar noch an dieser

Erfahrung zu lernen. Mach die Übung später noch einmal. Bis du loslassen kannst.

Und, wie fühlt es sich an, in Frieden mit den Aufs UND Abs deines Lebens zu sein?

IMPULS 5: SCHLIESSE FRIEDEN MIT DEINEN WÜNSCHEN

Wünsche sind eine besondere Form deiner Gedanken. Sie richten deinen Geist auf etwas aus, das du willst. Ich kenne viele Menschen, die sich nicht erlauben, alle Wünsche, die sie haben, frei zu denken, geschweige denn offen auszusprechen. Stattdessen drucksen sie herum. Sie hoffen, dass andere ihre Wünsche mittels Telepathie erraten. Oder sie unterdrücken sie und rationalisieren sie weg.

Dafür gibt es viele Gründe. Diesen Menschen wurde eventuell eingebläut, dass Wünschen egoistisch ist. Vielleicht fürchten sie sich vor einer Enttäuschung, wenn es nicht klappt. Oder wenn es funktioniert! In der spirituellen Szene höre ich auch immer wieder: »Wünsche machen unglücklich. Sie nähren die Begierde.«

Wenn du Wünsche unterdrückst,
parkst du geistige Energie in einer Sackgasse,
deine Mitmenschen sehen nicht, wer du bist,
und du verhinderst, dass dein Wunsch in Erfüllung geht.

Mir geht es nicht darum, dass alle Wünsche erfüllt werden müssen oder können. Doch für unsere Selbstachtung ist es ausgesprochen wichtig, uns

das Recht herauszunehmen, all unsere Sehnsüchte in uns aufsteigen zu lassen. Erst wenn du einen Wunsch klar und ohne Scham denken kannst, kannst du ihn in Ruhe untersuchen:

Will ich das wirklich-wirklich? Oder steckt etwas ganz anderes dahinter?
Kann ich diesen Wunsch mit meinen Werten vereinen?
Ist er mir so wesentlich, dass ich mich für seine Erfüllung einsetzen möchte, oder lasse ich ihn bewusst los?

Aus meinem Coaching-Alltag weiß ich, dass es meistens die kleinen und durchaus realisierbaren Wünsche sind, die zurückgehalten werden.
Der Wunsch, von deiner Partnerin im Bett auf eine bestimmte Weise berührt zu werden.
Der Wunsch, an eurem Hochzeitstag mal wirklich überrascht zu werden.
Der Wunsch, einen erfahrenen und/oder sehr erfolgreichen Menschen als Mentor für ein Projekt zu gewinnen.
...
Wie willst du herausfinden, was in deinem Leben möglich ist, wenn du deine Wünsche zurückhältst?
Raus damit!
Zeig sie erst einmal dir ganz ehrlich. Die folgende Übung hilft dir dabei.

Übung

Schritt 1: Zeichne auf ein A4-Blatt (Querformat) fünf Spalten.

Schritt 2: Schreib in die linke Spalte untereinander alle deine Wünsche. Die kleinen und die großen. Die »korrekten« und die verrückten. Es gibt kein Tabu. Trau dich. Gesteh dir alle deine Wünsche ein. Lies sie dir laut vor. Wie fühlt es sich an, wenn du anerkennst, dass diese Wünsche in dir sind? Es kann gut sein, dass dir allein dieser Frieden bereits reicht.

Schritt 3: Erforsche. Schreib in die zweite Spalte in Kurzform und so ehrlich wie möglich, warum du diese Wünsche bisher zurückgehalten hast. Angst vor Ablehnung? Zu peinlich? Angst, sie könnten erfüllt werden? Widersprechen sie deinen Werten?

Schritt 4: Untersuche die Möglichkeiten. Frage dich bei jedem Wunsch, ob er mit deinen wahren Werten vereinbar ist. Achte darauf, dass du nicht pauschal antrainierte Werte (»So etwas macht man einfach nicht«) als Messlatte ansetzt, sondern dich selbst fragst: Ist dieser Wunsch mit meinen Werten vereinbar? Ja oder nein? Schreib dieses JA bzw. NEIN in die dritte Spalte.

Bei einem NEIN überleg dir, wie du diesem Wunsch seine Kraft entziehen kannst. Zum Beispiel indem du dir die Schattenseiten noch stärker ausmalst.

Oder indem du mit einer vertrauten Person darüber sprichst. Ein Beispiel: »Mein Wert ist Treue. Dennoch verspüre ich den Wunsch, mit unserer Nachbarin zu schlafen. Ich weiß, dass ich es nicht tun werde. Doch es beschäftigt mich sehr. Ich fasse mir ein Herz und spreche ehrlich mit meiner Frau darüber.« Schreib diese Ideen in die vierte Spalte. Bei einem JA frage dich nun, ob du bereit bist, den Wunsch anzugehen (das musst du nicht!). Zum Beispiel, indem du deinen Wunsch in ein konkretes Ziel umformulierst[1] bzw. ihn mit genau der Person teilst, die der Wunsch betrifft. Schreib in die fünfte Spalte, was du wann konkret für diesen Wunsch tun wirst. Falls du zögerst, mach dir klar, dass du irgendwann stirbst. Am Ende deines Lebens wirst du nicht deine Fehler oder die Momente der Ablehnung bereuen, sondern all das, was du nie versucht hast!

Wie fühlt es sich an, wenn du in Würde alle deine Wünsche in deinem Bewusstsein ankommen lässt?

Soll ich dir das ultimative Rezept für ein glückliches Leben verraten?

---

1   Tipp: In dem Band »Erfolgsbooster« aus dieser Buchreihe geht es um die konsequente und schrittweise Manifestation von Wünschen.

Lass jeden Tag etwas mehr von dem weg, was dir schadet.

Kultiviere jeden Tag etwas mehr von dem, was dich stärkt.

IMPULS 6: DEIN KRAFTPLATZ

Wir erleben herausfordernde Zeiten. Bei vielen kommt das existenziellste Grundbedürfnis zu kurz: Sicherheit.

Eine Möglichkeit, das zu ändern, wäre: Fernseher ausmachen. Keine Entwicklungsimpulse an dich herankommen lassen. Zaun ums Häuschen bauen und dich dann mit einem deiner Lieblingsmenschen einbunkern. Der Nachteil an der Variante: Du verblödest schleichend.

Ich gehe davon aus, dass du Wachstum und neuen Input liebst, sonst würdest du nicht gerade dieses Buch lesen. Richtig?

Wie kannst du dennoch für die Erfahrung von Sicherheit sorgen?

Indem du dir dort, wo du lebst, einen Kraftplatz schaffst. Das kann ein Zimmer oder nur eine Sitzecke sein. Wichtig: Das ist DEIN Platz! Richte ihn genau so ein, wie es dir guttut. Am Fenster? Gemütlich oder asketisch? Welche Bilder/Fotos geben dir Kraft? Welche Farben magst du gern? Kerzen? Räucherstäbchen? Lieblingsmusik?

Richte dir in einem Akt der Selbstliebe deinen Kraftplatz ein. So, dass du dich rundum wohlfühlst. Und dann komm mindestens einmal am Tag, am besten immer zur selben Zeit, an diesem Platz zur Ruhe. Das macht einen echten Unterschied.

IMPULS 7: DEINE KRAFTLISTE

Alles wirkt auf dich ein.
Was du tust. *Wie* du etwas tust. *Was* du isst.
Welche Bilder an deiner Wand hängen.
Welche Farben du trägst.
Über welche Themen du sprichst.
An welchen Plätzen du arbeitest und an welchen du schläfst.
Alles davon schenkt oder raubt dir Kraft.

Wer weiß am besten, was dich stärkt?
Du natürlich.

Die meisten Menschen sind mit ihrer Aufmerksamkeit so weit im Außen, dass sie nicht mitbekommen, wenn ihr innerer Geigerzähler für Kraft nach oben oder unten ausschlägt. Sie fühlen sich nur schlapp, frustriert bzw. freudig, energiegeladen. So bleibt das Spiel dem Zufall überlassen. Doch stell dir vor, wie du heute beginnst, in deinem Alltag genau darauf zu achten, was dir Energie nimmt und was dir Energie schenkt.

Fühlst du dich nach dem Gespräch mit deiner Freundin vital oder ausgelaugt? Woran liegt das? Am Gesprächsthema? Am Ort? An der Art, wie ihr miteinander gesprochen habt?

Du freust dich nicht mehr auf deinen Arbeitsplatz? Was fehlt dir? Was müsste anders sein?
Du gehst euphorisch aus einem Kinofilm. Was genau hat dich so begeistert?

Verschaff dir doch mal einen Überblick über das, was dir Kraft gibt, und das, was dich eher schwächt.

Übung

Erstelle eine Liste mit deinen mächtigsten Energieräubern und Lebenskraftspendern. Leg diese Liste an einen für dich leicht einsehbaren Ort. Schau immer mal wieder drauf. Ergänze sie. Versuch nicht, dein Leben über Nacht umzukrempeln, sondern lass jeden Tag ein klein wenig mehr von dem weg, was dich schwächt, und vermehre, was dich stärkt. Du wirst erstaunt sein, wie gut du dich nach einem Jahr kennst und wie viel Freude es dir bereitet, dir selbst beim Erblühen zuzuschauen.
Übrigens wirst du auch sehr schnell herausfinden, mit wem du deine kostbare Lebenszeit gern verbringst. Menschen, die dich wirklich mögen, werden es schätzen, wenn du ihnen klar kommunizierst, worauf du stehst. Die Energiestaubsauger hingegen wirst du damit verschrecken. Gut so! Dann kannst du sie von der Liste streichen!

IMPULS 8:
DAS SELBSTWIRKSAMKEITSSPIEL

In den Forschungen der Positiven Psychologie der letzten zwei Jahrzehnte haben sich mehrere eindeutige Faktoren für unser Wohlbefinden herauskristallisiert. Einer davon ist die Selbstwirksamkeit. Gemeint ist damit die Überzeugung, dass du dein Leben kompetent meistern kannst. Das Gegenteil nennt sich erlernte Hilflosigkeit, wenn du dich den Herausforderungen deines Alltags gegenüber ohnmächtig fühlst.

Das Traurige ist, dass viele Menschen unbewusst die Erfahrung von Hilflosigkeit kultivieren, indem sie sich hauptsächlich auf das konzentrieren, was sie nicht schaffen, nicht wissen, nicht können. Dabei ignorieren sie, dass sie den Großteil ihrer Ziele und Aufgaben jeden Tag erreichen und meistern. Warum? Weil das alles als völlig selbstverständlich abgehakt wird: laufen, sprechen, essen, zur Arbeit gehen, die Kinder großziehen, lesen, lernen ... verstehst du, was ich meine?

Die folgende Übung macht großen Spaß und bestärkt dich in deiner Selbstwirksamkeit. Zu Beginn wird sie dir eventuell seltsam vorkommen, doch ich verspreche dir, danach wirst du dich energiegeladen und selbstbewusst fühlen. Du brauchst keine Extrazeit dafür einzuplanen.

Übung

Es geht nur darum, alles, was du in den kommenden zehn Minuten tust,

1. bewusst als Ziel zu wählen und
2. bewusst als Erfolg anzuerkennen.

Beispielsweise könntest du dir sagen: »Ich wähle jetzt, vom Frühstückstisch aufzustehen und den Tisch abzuräumen.«
Dann tu es. Nun sage laut (wenn du allein oder mit Vertrauten bist) oder leise zu dir: »Wow! Ich habe den Tisch abgeräumt. Gut gemacht!«

Oder: »Ich wähle nun, ins Bad zu gehen.«
Dann tu es. Nun sage wieder laut oder leise zu dir: »Wow! Ich habe es geschafft, ins Bad zu gehen. Gut gemacht!« Mach so weiter. Mit den kleinsten Handlungen:

- Zahnbürste herrichten
- Zähne putzen
- Haare kämmen
- …

Setze dies zehn Minuten lang fort. Ich weiß, es klingt albern. Aber bitte probier es aus. Du wirst überrascht sein!

IMPULS 9: LOB DICH STARK

Haben sie dir auch beigebracht, dass Eigenlob stinkt? Was für ein Unsinn! Mit diesen Sprüchen wurden Generationen von Kindern abhängig gemacht vom Lob ihrer Eltern und Lehrer. Dich selbst zu loben ist etwas anderes, als anzugeben. Beim Angeben geht es darum, dich über deine Mitmenschen zu erheben. Das haben nur unsichere Menschen nötig.

Bewusstes Loben ist ultraintelligent. Es lenkt deinen Fokus auf das, was du gut machst. Dadurch nimmst du es endlich wahr! Das stärkt die Erfahrung deiner Selbstwirksamkeit und kultiviert in deinem Unterbewusstsein ein positives Selbstbild. Erinnerst du dich noch? Dein Selbstbild ist DER zentrale Baustein deiner Wirklichkeit. Alles andere baut sich drumherum auf.

Ein Mensch mit einem positiven Selbstbild schafft mehr, allein weil er daran glaubt. Er rennt den anderen nicht wie ein Bettler hinterher, um ein bisschen Anerkennung zu erhaschen. Er gibt sie sich selbst.

Dich zu loben ist legitim und gesund!

Du kannst das natürlich im Stillen machen, doch ich möchte dir in der folgenden Übung zwei wesentlich kraftvollere Varianten vorstellen:

Übung

Vor dem Spiegel

Stell dich am Abend vor den Spiegel, schau dir in die Augen und fang an, dich bewusst für alles zu loben, was du an diesem Tag gut gemacht hast. Das können kleine und große Erfolge sein. Beispielsweise:

»(Dein Name), ich finde es toll, dass du heute Morgen aufgestanden bist, obwohl du keine Lust hattest.«

»(Dein Name), ich finde es großartig, dass du dich heute, wie auch an allen anderen Tagen, so selbstverständlich und liebevoll um deine Kinder gekümmert hast.«

»(Dein Name), ich möchte dich dafür anerkennen, wie du heute in deinem Kellnerjob so vielen Menschen nicht nur ihr Essen, sondern auch ein freundliches Lächeln serviert hast.«

Vielleicht fällt es dir zu Beginn schwer, überhaupt irgendetwas als Erfolg zu identifizieren. Egal. Bleib stehen, bis dir mindestens zehn Dinge eingefallen sind. Das müssen keine Heldentaten sein! Du darfst dich auch für scheinbare Selbstverständlichkeiten loben. Es kann sein, dass sich dieses Gespräch mit dir zuerst seltsam anfühlt, dass du dich fast ein wenig schämst. Egal. Mach weiter, bis du

spürst, wie eine zarte Liebe für dich selbst aufkommt. Ich garantiere dir, wenn du einmal die
Freude und Freiheit deines unschuldigen Selbst-
lobs genossen hast, willst du gar nicht mehr aufhören.

Beende das Ritual mit einem zärtlichen, ernst ge-
meinten Kompliment für dich. Du wirst staunen,
wie positiv sich diese einfache Selbstprogrammie-
rung langfristig auf dich auswirkt.

Im Gespräch

Wenn du mutig bist, beginne dich auch öffentlich
zu loben. Nicht marktschreierisch, sondern natürlich, selbstverständlich. »Weißt du, was ich heute
wirklich gut gemacht habe? ...« Ermutige auch deine Familie, deine besten Freunde oder die Mitarbeiter in deinem Team dazu. Lies ihnen zur Erklä-
rung dieses Kapitel vor. Wenn alle mitmachen, fällt
es euch immer leichter, und die Stimmung wird
besser!

Freundlichkeit

Unsere Erziehungssysteme und unsere Leistungsgesellschaft haben ganze Arbeit geleistet: Für viele
Menschen ist es normal geworden, dem gesamten
Leben angestrengt, in einer Art »Kampfmodus« zu
begegnen. Wir brauchen keine äußeren Antreiber
mehr. Wir haben sie erfolgreich verinnerlicht. Ich

kenne Menschen, die machen selbst aus einem Urlaub noch ein Pflichtprogramm!

Wie gehst du die Dinge an? Wie arbeitest du? Wie läufst du? Wie atmest du? Entspannt und weich? Oder gestresst und verkrampft? Das Problem, wenn Stress chronisch wird, liegt darin, dass wir immer mehr verhärten. Körperlich. Emotional. Seelisch. Das muss nicht so sein.

Stell dir vor, du trägst ein neugeborenes Baby auf dem Arm. Es liegt da. Es vertraut dir. Es schaut dich mit großen Augen lächelnd an. Du spürst seine warme, zarte Haut. Du berührst seine kleinen Händchen und nimmst seine Verletzbarkeit wahr. Was fühlst du? Wirst du automatisch sanfter, friedvoller, freundlicher?

Ich verrate dir jetzt mal was. Wir waren alle einmal so zarte Babys, und irgendwo tief in uns lebt dieser empfindsame Anteil immer noch. Wir haben nur Schichten von Kontrolle und Schutz drumherum aufgebaut. Anstatt uns zu hüten, sind wir oft viel zu hart mit uns selbst!

Was kannst du tun, um den ganzen Krampf aufzulösen und dich und dein Leben wesentlich mehr zu genießen? Die Antwort ist wieder ganz einfach: Gewöhne dir an, so viel wie möglich von dem, was du tust, grundlos freundlich zu tun.

IMPULS 10: SEGNE DEINE WEGE

Freundlichkeit ist eine innere Haltung von Offenheit und Sanftheit.

Möchtest du in deinem Leben eine innere Haltung der Freundlichkeit kultivieren? Dann probier die folgende Übung aus.

Übung

Beobachte heute einmal, wie du läufst. Zum Beispiel zur Arbeit oder zum Einkaufen.
Wie sieht dein Laufstil wohl von außen aus?
Und wie fühlt sich dein Laufen von innen an?
Hektisch, angespannt, in Gedanken schon beim nächsten Schritt?
Oder freundlich, weich, offen für deine Mitmenschen, mit dem Bewusstsein genau bei dem Schritt, den du jetzt setzt?
Experimentiere heute einmal damit, auf welche verschiedenen Arten du laufen kannst und was es für dich bedeutet, deinen Weg freundlich zu gehen.
Stell dir vor, die Erde wäre ein Wesen und du liebkost sie mit deinen Schritten.
Stell dir vor, du wärest ein Engel und würdest jeden Passanten segnen, der dir begegnet.

Und vor allem wisse, dass der Weg, den du gerade gehst, dein Leben ist. Was kurz zuvor war, ist weg. Was kommt, ist noch nicht da. Doch was du ganz sicher hast, ist dieser Schritt.
Wie willst du ihn setzen?
Verkrampft oder freundlich?
Glaub mir, das ist eine entscheidende Frage. Denn im Grunde genommen besteht dein gesamtes Leben aus kleinen und größeren Wegen, die du zurücklegst. Vom Bett ins Bad. Von dort in die Küche …

Was wird am Ende deiner Tage wirklich wichtig sein?
Wie viele Ziele du erreicht hast, oder wie du den Weg dorthin genossen hast?

IMPULS 11: DEIN SANFTER ATEM

In Wahrheit gibt es gar kein reales Selbstliebe-Problem. Es existiert nur, weil wir uns angewöhnt haben, uns auf eine nicht besonders intelligente Art mit uns selbst zu unterhalten. Dem Einfallsreichtum unseres inneren neurotischen Mindfucks sind nämlich keine Grenzen gesetzt: Jede Menge unnötige Sorgen. Geißelnde Selbstkritik. Meckerei an den anderen. Gierige Fantasien. Vergleiche, bei denen du ungünstig wegkommst. Und zwischendrin jede Menge völlig unnötiges, kraftraubendes Blablabla ... such dir was aus.

Wenn du mir nicht glaubst, setz dich einfach mal auf deinen Hintern und schreib für zehn Minuten alle Gedanken auf, die durch deinen Kopf geistern. Du wirst wahrscheinlich peinlich berührt sein!
Wie steigst du aus der Mühle aus? Jedenfalls nicht, indem du auch noch gegen deine Gedanken kämpfst. Das macht sie nur stärker. Nein, du vermutest es sicher schon, die Wahrheit ist viel einfacher. ;-) Da das Leben offenbar bereits geahnt hat, dass wir uns mental verlaufen würden, hat es einen ständig geöffneten Ausgang in uns integriert: unseren Atem! Der ist immer hier in der Gegenwart. Während du dich geistig in die nicht vorhandene Zukunft und die bereits vergangene Ver-

gangenheit beamen kannst, ist dein Atem immer hier. Jetzt. Jedes Mal, wenn du bewusst ein- und ausatmest, bist du auch hier.

Kriegst du den Punkt???

Wenn du hier bist, bei deinem Atem, ist dein Selbstliebe-Problem ... weg!

Um es wiederzubekommen, musst du dein neurotisches Denken erneut aufnehmen und dich aus der Gegenwart entfernen. Deshalb wirkt die folgende Medizin – regelmäßig eingenommen – so stark und zuverlässig.

Übung

Atme, so oft es dir einfällt, sanft und freundlich ein und aus.

Experimentiere damit.

Wie fühlt es sich für dich an, wenn du freundlich atmest?

Nicht anstrengen. Nicht besonders tief atmen. Einfach weich und freundlich.

Wenn du willst, leg noch eins drauf: Nimm beim Einatmen bewusst wahr, wie du nicht nur Sauerstoff, sondern Lebensenergie aus der Umgebung in dich aufnimmst. Stelle dir vor, wie du dich über deinen Atem sanft mit vitalen Schwingungen fütterst. Und beim Ausatmen lässt du ganz bewusst alle Anspannungen aus deinem Körper fließen.

Auch diese Übung braucht keine Extrazeit.

Ich atme oft beim Spazierengehen oder zwischendurch beim Arbeiten auf diese Weise, wenn ich bemerke, dass mir mein Lächeln abhandengekommen ist.

Glaub mir, dein sanfter Atem ist der Schlüssel zu so vielem.

Er baut Stress ab.

Er öffnet deine Sinne für diesen Augenblick.

Er schult dich darin, das Wesentliche vom Unwesentlichen zu unterscheiden.

Er lässt dich friedvoller schlafen.

Er lässt dich effektiver arbeiten.

Und ja, auch dein Sex wird besser ...

Also, wenn du es nicht gleich ausprobierst, bist du selber schuld.

Leg einfach mal das Buch aus der Hand. Richte dich auf. Entspanne deine Schultern und nimm zehn freundliche Atemzüge. Als ob du dich selbst von innen streichelst ...

Und?

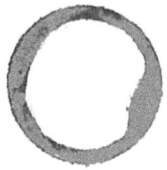

IMPULS 12: DAS VERHASSTE LIEBEN

Mal ganz ehrlich: Wir haben doch alle Dinge in unserem Leben, die wir nicht mögen, ja vielleicht sogar hassen. Ich rede nicht von unnötigen Sachen, die wir auch abwählen könnten. Ich meine die Pflicht. Ich räume zum Beispiel überhaupt nicht gern auf, und doch gehört es von Zeit zu Zeit nun mal dazu. Glaub mir, ich habe alles versucht. Therapie, Hypnose, Affirmation ... ich mag dieses Aufräumen einfach nicht. Also zögere ich es hinaus, manchmal viel zu lange. Doch irgendwann kommt der Punkt, an dem ich es einfach tun muss. Aber: Wie bescheuert ist es eigentlich, etwas für dich Unangenehmes mit schlechter Laune zu erledigen? Das gleicht ja einer doppelten Bestrafung.

Hier kommt die Auflösung. Ich sag dir gleich, für deinen rationalen Verstand wird sie irrational klingen. Du musst es (wie immer!) ausprobieren.

Übung

Wenn du dich dabei ertappst, etwas in einer negativen Stimmung zu tun (eine uninteressante Arbeit, den Müll rausbringen, mit deiner Schwiegermutter Kaffee trinken ...), stell dir vor, du wärst ab jetzt durch einen Zauber dazu verflucht, genau diese eine Sache dein gesamtes Leben lang zu tun. Es gibt keine Alternative mehr. Nur noch das. Jeden Tag. Und du bist vor die Wahl gestellt, ob du darin bis zum Ende deines Lebens komplett verbittern und verkrampfen willst oder ob du bereit bist, einen Weg zu finden, diese Sache zu lieben. Ich stelle mir dann die folgende Frage:

»Wie würde es sich anfühlen, wenn ich mich dem Aufräumen meines Zimmers vollständig hingäbe und es mit all meiner Liebe täte?«

Ich weiß, das klingt verrückt. Ist es aber nicht. Verrückt ist, dich zu entscheiden, etwas zu tun, und es dann zu bekämpfen. Hör einfach auf damit. Es ist dein Leben.[2]

Kommuniziere dich wach

Stell dir vor, ein sehr, sehr guter, erfolgreicher, selbstbewusster Hypnotiseur probt seine Techniken am Abend vor dem Zubettgehen an sich selbst. Er überlegt sich, in welche Trance er sich wohl versetzen könnte, und kommt dann auf die Idee: »Ich werde mir heute suggerieren, ich sei

---

2 Wenn du noch nicht überzeugt bist, schau dir den Film »Und täglich grüßt das Murmeltier« an. Genial.

hässlich, nicht liebenswert und erfolglos. Mal sehen, wie sich das anfühlt.«

Natürlich stellt er auch dieses Mal, wie bei allen anderen Experimenten, sicher, dass er wieder aus der Trance geweckt wird. Er verwendet dafür einen Wecker mit einem speziellen Klingelton. Wenn er den hört, wacht er aus der Trance auf und erinnert sich, wer er ist. Er stellt den Wecker auf eine halbe Stunde und beginnt. Da er ein Profi ist, weiß er ganz genau, welche Anweisungen bzw. Tranceinduktionen er sich geben muss und in welchem Tonfall, damit er sie auch wirklich glaubt. »Ich bin ein Loser. Ich schaffe nichts. Niemand liebt mich.« Nach einer Minute ist er voll in der Geschichte drin! Er fühlt den Mangel, den Minderwert. Er leidet daran, denn er glaubt, es sei Wirklichkeit.

So hat er es schon oft gemacht, doch dieses Mal gibt es ein Problem. Der Wecker ist kaputt und klingelt nicht. Unser Hypnotiseur schläft also als Loser ein und ... wacht auch wieder so auf. Niemand kann ihm das ausreden, denn er hat sich da selbst hineinhypnotisiert. Er selbst müsste erkennen, dass dies nicht real ist, und beginnen, sich wieder herauszukommunizieren.

Ahnst du, worauf ich hinauswill?

Jeder von uns ist so ein Hypnotiseur! Nur wir selbst können uns aus unserem Traum wachküssen.

In meinen anderen Büchern (besonders in »Werde verrückt«) gehe ich ausführlich darauf ein, wie wir uns unsere Realität konstruieren. Es existiert keine absolute Wirklichkeit. Jeder von uns schafft in seinem Verstand seine eigene Realitätsversion.

Du tust das, ...

1. ... indem dein Unterbewusstsein einen Großteil der auf dich einströmenden Reize komplett herausfiltert (weniger als 0,002 Prozent kommen bei dir an!),

2. ... indem du den Teil an Informationen, der in deinem Gehirn ankommt, verzerrst, verallgemeinerst und verbiegst, bis er in deine Erwartungsmuster passt.

Mit anderen Worten: Jeder von uns lebt in seiner eigenen Realitätsblase. Konfrontiere drei Menschen mit derselben Situation, und sie werden sie dennoch verschieden beschreiben, empfinden und nutzen.

Hier kommt die Herausforderung. Dein Gehirn spart sehr gern Energie, denn es verbraucht sehr viel davon (bis zu 20 Prozent deines Gesamthaushalts!). Deshalb ist es daran interessiert, dass du dein einmal etabliertes Selbst- und Weltbild nicht groß infrage stellst, selbst wenn es miserabel ist! Damit deine Realitätsblase stabil bleibt, verwen-

det dein Verstand einen einfachen Trick. Er verwickelt dich in einen konstanten Selbstdialog, mit dem er dich quasi hypnotisiert. Menschen, die sich nicht mögen, haben häufig einen strengen inneren Richter, der ihnen den ganzen Tag erzählt, was sie falsch machen. Oder einen inneren Vergleicher, der es schafft, ihnen alles mieszumachen, was sie gerade erleben, indem er darauf hinweist, dass andere besser sind. Oder ein jammerndes Opfer, das ihnen die Kraft raubt, indem es ihnen einflüstert, dass andere die Macht über ihr Leben haben. Es gibt noch mehr dieser Stimmen: den Antreiber, die Neidische, die Überhebliche ... Fakt ist, diese inneren Stimmen sind nicht real. Doch wenn sie deine inneren Dialoge mit dir zu sehr bestimmen, vergiften sie deine persönliche Wirklichkeit. Niemand wird mit Selbstzweifeln geboren. Erst wurden sie dir von anderen eingeredet, dann hast du sie fest integriert.

Kommunikation ist einer der wesentlichen Schlüssel zur Selbstliebe. Wie du in jeder wachen Minute deines Lebens mit dir kommunizierst, beeinflusst maßgeblich, wie du dich selbst und deine Umwelt wahrnimmst. Veränderst du deine innere Kommunikation, wandelt sich dein Selbstbild.

Kommunikation ist Schöpfung. Es ist Zeit, diesen machtvollen Hebel zu nutzen.

IMPULS 13: DEINEN UNGELIEBTEN STIMMEN RAUM GEBEN

Die menschliche Psyche ist komplex. Stell sie dir wie einen runden Tisch vor, an dem viele verschiedene Persönlichkeiten sitzen: dein inneres Kind, dein strenges Über-Ich, der ängstliche Hosenscheißer, die ewige Zweiflerin, der begeisterte Optimist ...

Jede einzelne hat eine wertvolle Perspektive auf dein Leben anzubieten. Problematisch wird es, wenn du nur einer Persönlichkeit glaubst oder umgekehrt versuchst, sie vom runden Tisch zu verbannen. Dann stänkert sie unter dem Tisch herum ...

Welcher Stimme hast du zu viel Macht über dein Leben eingeräumt?
Welche Stimme bekämpfst du?

Mit der folgenden Übung kannst du den inneren Stimmen in dir auf die Spur kommen und ermitteln, welchen Anteil sie an deinem inneren Dialog haben.

Übung

Schritt 1: Benenne deine Stimmen: mein innerer Zweifler, meine Dramaqueen …

Schritt 2: Räume ihnen geregelte Sprechzeiten ein. Zum Beispiel morgens nach der Meditation oder nachmittags um 17 Uhr. Meldet sich die Stimme zwischendurch, sagst du freundlich zu ihr: »Jetzt bitte nicht. Heute um 17 Uhr höre ich dir zu.«

Schritt 3: Setze dich dann zu genau dieser Zeit mit einem Blatt Papier hin und rufe diese Stimme: »Okay, ich bin bereit. Was hast du mir zu sagen?« Oft wirst du erstaunt feststellen, dass sie gar keinen Redebedarf mehr hat, wenn sie sein darf. Falls sie sich aber meldet, schreib alles unzensiert auf.

Schritt 4: Bejahe, was da geschrieben steht. »JA, so denkt mein innerer Zweifler.« Du musst nichts daran verändern!

Schritt 5: Schau noch einmal auf die Botschaft und frage dich, ob sie – egal wie sie formuliert ist – eventuell einen wichtigen Hinweis für dich enthält. Du kannst auch noch einmal nachfragen: »Was wünschst du dir von mir? Was willst du mir zeigen?«

Schritt 6: Bedanke dich bei diesem Anteil für sein Dasein.

Bist du den verschiedenen inneren Anteilen deiner Persönlichkeit nähergekommen?

Konntest du feststellen, dass manche von ihnen sich dadurch, dass du dir Zeit für sie nimmst, verändern?

Wie fühlt sich das an?

IMPULS 14: SANFT UND FREUNDLICH MIT DIR SPRECHEN

Manchmal haben wir einfach Sch...tage. Manchmal geht etwas schief. Wir sind krank. Wir machen einen großen Fehler. Wir sind ratlos. Wünschen wir uns in solchen Zeiten nicht alle einen guten Freund oder eine gütige Mutter, einen Menschen, der uns, egal was geschehen ist, freundlich und sanft zuspricht?

Sei du ab heute dieser Mensch für dich. Gewöhne dir an, innerlich – und manchmal auch laut, wenn es passt und du allein bist – liebevoll und ermutigend mit dir zu sprechen. Sag dir genau das, was du dann gern von anderen hören würdest. Etwa: »He, du schaffst das schon.«
Probier aus, ob es besser wirkt, wenn du dich direkt oder in der zweiten Person ansprichst. »Ich glaube an mich!« oder »Ich glaube an dich!«

Das kannst du in einem ernsten Ton, ganz zart oder auch humorvoll äußern – je nachdem, wie es sich stimmig anfühlt. Wenn es dir gelingt, diese ermutigenden Worte in deinen inneren Dialog einzuschleusen, verlieren die schwächenden Stimmen an Kraft.

IMPULS 15: DEINEN GEIST DEHNEN

Weißt du, was das wirklich Blöde an negativen, begrenzenden Gedanken ist? Wenn du sie lange genug denkst, gewöhnst du dich an sie und beginnst, sie als real zu verteidigen. Deine tiefsten Überzeugungen werden zu einem unsichtbaren Elektrozaun für deinen freien Geist.

Du merkst, wenn dir doch mal aus Versehen ein echt neuer, kühner Gedanke herausrutscht. Entweder hat er ausreichend Schubkraft und landet weit außerhalb deiner Box. Dann wirst du eine Art prickelnde Begeisterung verspüren. Morgenluft!

Oder der Gedanke bleibt im Zaun hängen. Dann fühlst du Scham, Angst oder Schuld. Du pfeifst dich selbst mit Zweifeln zurück:

Was für ein alberner Gedanke! Das Leben ist doch kein Wunschkonzert.
So etwas Unverschämtes darf man nicht denken.
Das ist egoistisch.
Das geht sowieso nicht.
…

Menschen, die sich selbst nicht mögen, erlauben sich keine frechen, liebevollen, großen Gedanken.

Sie halten sich selbst eingesperrt. Das ist tragisch. Dem Leben sei Dank gehörst du nicht zu diesen Menschen.

Wenn du clever bist, dehne deinen Geist jeden Tag. Erlaube dir ganz bewusst, Gedanken zu formulieren, die dir erst einmal die Schamesröte ins Gesicht treiben oder Zweifel in dir wecken. Na und?! Gönne dir geistige Nahrung (Bücher, Filme, starke Freunde), die deine Hirnwindungen anregt und deinen Verstand nach den Sternen greifen lässt.

Welche Träume hast du (fast) erstickt?
Welche liebenswerten Gedanken über dich hältst du aus (falscher) Bescheidenheit zurück?
Wann hast du das letzte Mal etwas (scheinbar) Unmögliches für möglich gehalten?

Lass ab jetzt einen verrückenden, befreienden Gedanken die leckere Nachspeise zu jedem Essen sein.

Denk dich frei!

IMPULS 16:
GUTE FRAGEN MACHEN GLÜCKLICH

Ich wünsche dir, dass du dieses Kapitel sehr aufmerksam liest. Glaub mir, allein dafür hat sich die Investition in dieses Buch gelohnt!

Dein Leben entwickelt sich in Richtung deiner Aufmerksamkeit. Deine Aufmerksamkeit folgt dem Fokus deines Geistes. Womit er sich viel beschäftigt, davon bekommst du noch mehr.

Nun hast du sicher schon bemerkt, dass dein Geist manchmal einem wild gewordenen Affen gleicht. Er will sich nicht vorschreiben lassen, was er denken soll. Wenn du dann versuchst, ihm positive Gedanken aufzudrängen, wird es häufig nur noch schlimmer. Doch es gibt einen Trick!

Die intelligenteste Art, deinen Geist in eine gute Richtung zu lenken, sind nicht Befehle, sondern Fragen! Dein Verstand ist – vereinfacht auf den Punkt gebracht – eine Fragen-Beantwortungsmaschine. Er funktioniert nach einem einfachen Prinzip: Du stellst ihm eine Frage, und er nutzt eine Milliarde Nervenzellen, um eine Antwort zu finden.

BEISPIELE

Frage: »Warum mag mich keiner?«
Verstand: »Kein Problem. Gib mir ein paar Minuten, und ich finde zehn Gründe.«

Frage: »Warum schaffe ich nie, was ich mir vornehme?«
Verstand: »Wo soll ich anfangen? Weil du es noch nie geschafft hast. Weil du eben ein Loser bist. Weil du ein mieses Horoskop hast ...«

Weitere mögliche Fragen könnten lauten:
Warum schaffe ich es nie, erfolgreich zu sein?
Warum habe ich immer Pech?
Warum ist mein Chef so ein Arschloch?
Warum bin ich nicht so schön wie ...?
Warum bin ich nicht so schlau wie ...?

Was glaubst du: Werden dich solche Fragen glücklicher machen? Nein?
Dann hör damit auf.
Wie?[3]
Indem du ab jetzt täglich starke Fragen in deinen Verstand einschleust.

---

3   Das war eine gute Frage. ;-)

Denk dran ...

Dumme Fragen produzieren dumme Antworten.
Clevere Fragen bringen gute Antworten.

Dein Leben ist das Ergebnis all der Fragen, die du dir seit vielen Jahren bewusst und unbewusst gestellt hast.

Menschen, die sich nicht leiden können, stellen sich falsche Fragen, die runterziehen, das Problem noch größer wirken lassen und den Fokus auf den einzigen Misthaufen weit und breit ausrichten – um sie dann auch noch reintreten zu lassen.

Menschen, die sich lieben, verwöhnen sich mit guten Fragen. Solchen, die Kraft schenken, für Chancen öffnen, Lösungen sichtbar machen. Fragen, die die Sonne selbst an einem regnerischen Tag sehen lassen.

Gute Fragen beginnen oft mit einem Wie.

Wie bekomme ich so schnell wie möglich, was ich will?
Wie kann ich jetzt grundlos glücklich sein?
Wie kann ich mir jetzt zeigen, dass ich mich liebhabe?
Wie werde ich dieses Buch maximal für mich nutzen?

Gute Fragen bauen auf, indem sie nach der Lösung, nach dem Licht, nach der Kraft suchen. Sie öffnen dich für neue Realitäten.

Dir jeden Tag mindestens eine gute Frage zu stellen ist ein Akt der Selbstliebe. Neue Fragen – neues Leben. Erstelle eine Liste deiner Top Ten. Ich bin dir übrigens nicht böse, wenn du dich dazu in der nachfolgenden Liste meiner Lieblingsfragen bedienst. Und dann lass dir jeden Tag eine richtig gute Frage genüsslich auf der Großhirnrinde zergehen.

Hier eine kleine Auswahl meiner Lieblingsfragen zum Thema Selbstliebe:

Wenn ich an meine letzte Woche denke, war dies das Leben eines Menschen, der sich selbst rundherum liebt? (Falls ich mit einem JA zögere: Was hat gefehlt? Was wäre anders verlaufen, wenn ich mich selbst wirklich liebgehabt hätte?)

Wo und wie kämpfe ich noch gegen mich? Gegen welchen Aspekt genau (körperlich, emotional, geistig, Verhalten)? Was würde geschehen, wenn ich an dieser Stelle aufhörte, gegen mich zu kämpfen? Was müsste ich dann zum Beispiel fühlen? Und bin ich dazu bereit?

Was sehe ich (noch) als Makel an? Wer sagt das? Unter welchen Umständen könnte dieser »Makel« zu einem Geschenk, einer Stärke werden?

Bin ich ein Mensch, mit dem ich gern den Rest meines Lebens verbringen möchte? (Falls ich mit einem JA zögere: Was fehlt noch?)

Wenn ich mich wirklich liebhätte, was würde ich sofort lassen?

Wenn ich mich wirklich liebhätte, was würde ich sofort tun?

Wie anders würde es sich anfühlen, was ich gerade tue, wenn ich freundlich mit mir wäre?

Wenn ich mein bester Freund, meine beste Freundin wäre, was würde ich mir jetzt gerade raten?

Wenn ich mein bester Freund, meine beste Freundin wäre, was würde ich mir jetzt gerade schenken?

Wie kann ich mir heute konkret beweisen, dass ich mich selbst liebhabe?

Da ich wirklich nicht weiß, wie lange ich noch lebe, wann möchte ich beginnen, mich und mein Leben voll zu genießen?

Wenn ich allein auf dem Mond lebte, woran würde ich dann erkennen, ob ich schön bin, und wie wichtig wäre dies noch?

Wie blöd ist es, gegen etwas zu kämpfen, das bereits da ist? Möchte ich so blöd sein?

Was in meinem Leben tue ich noch für die Anerkennung anderer? Wie kann ich mir selbst diese Anerkennung geben?

Wie relevant sind meine »Fehler, Niederlagen und Schwächen« noch, wenn ich mir reinziehe, dass dieses Universum 13 Milliarden Jahre alt ist, und mir mein Leben aus der Perspektive der Sterne vorstelle?

Will ich diesen Moment versauen oder genießen?

Übung

Jetzt bist du dran. Welche guten Fragen fallen dir noch ein?

Schreib sie alle auf und zieh dir täglich mindestens eine davon rein. Bis sie ganz selbstverständlich wie leuchtende, glückbringende Goldfische im Gewässer deines Verstandes kreisen.[4]

Dein BEQ

Da wir gerade über Wünsche sprechen: Eine der wichtigsten Säulen der Selbstliebe ist dein BEQ.

---

4 Ich weiß, das war eine sehr blumige Metapher. Die musste ich mir einfach gönnen.

Du hast sicher schon einmal vom IQ gehört, dem Intelligenzquotienten. Ich glaube, der wird überbewertet. Denn ich kenne superschlaue und notorisch unglückliche Menschen und solche, die vielleicht keine Eins in Mathe hatten, jedoch gelernt haben, sich gut um sich zu kümmern.

Der BEQ ist dein Bedürfnis-Erfüllungs-Intelligenz-Quotient.

Ein sich selbst liebender Mensch kennt seine Bedürfnisse und achtet sie. Er setzt sich selbstverantwortlich für ihre Erfüllung ein.

Bedürfnisse wirken tiefer als deine bewussten Wünsche. Deine essenziellen Bedürfnisse MUSST du dir erfüllen, sonst gehst du ein. Eine Rose braucht guten Boden, Sonne, Regen, Wärme im optimalen Maß. Richtig? Was passiert, wenn sie kein Wasser mehr bekommt? Sie geht ein. Stell dir vor, sie könnte denken und würde versuchen, sich einzureden, dass sie gar kein Wasser braucht. Vielleicht, weil ihre Eltern ihr beigebracht haben, dass sie es nicht wert ist, Wasser zu bekommen. Also versucht sie, genügsam zu leben und es sich zurechtzuerklären, warum der Boden so trocken ist. Irgendwann verwelkt sie dennoch, denn eines ihrer Grundbedürfnisse wurde nicht erfüllt.

Prima, denkst du jetzt vielleicht. Jetzt weiß ich, wie sich das bei Rosen verhält. Und bei Menschen? Keine Sorge. Ich habe nicht die Absicht, dich erst neugierig zu machen und dann hängenzulassen. Im folgenden Abschnitt erfährst du mehr ...

IMPULS 17: DIE SECHS ELEMENTAREN BEDÜRFNISSE

Wir Menschen haben sechs grundlegende Bedürfnisse, die bei jedem von uns in der richtigen Kombination erfüllt sein müssen. Stimmt die Kombi, können wir wachsen, reifen und als Persönlichkeit erblühen wie eine Rose. Kommt eines oder mehrere Bedürfnisse zu kurz, werden wir unglücklich.

Dieses Thema ist so machtvoll und komplex, dass ich ohne Probleme ein ganzes Buch damit füllen könnte. Weil ich mich hier aber kurzfasse, stelle ich dir jetzt die sechs Bedürfnisse kompakt vor:

1. Sicherheit ist das elementarste Grundbedürfnis jedes Lebewesens. Andere Worte dafür sind Balance, Harmonie, Stabilität. Wir brauchen alle Sicherheit, wenn auch in unterschiedlichem Maße. Gerät unser Leben zu sehr aus der Balance, erleben wir Stress, Unruhe, Unwohlsein bis hin zu Panikattacken oder Burn-out.

2. Stimulanz (neue Reize, Abwechslung, Abenteuer) ist das zweite essenzielle Bedürfnis. Gibt es gar keine Stimulanz mehr, wird unser Leben langweilig und fad.

3. Dominanz ist der Wunsch, dass dort, wo du bist, möglichst das stattfindet, was du für richtig

hältst. Auch schüchterne Menschen haben dieses Bedürfnis. Sie leben es nur zu wenig aus. Wird es nicht erfüllt, werden wir erst verstimmt, dann ärgerlich, dann wütend. Diese Wut platzt entweder nach außen oder frisst sich nach innen und wird zur Depression.

4. Nähe lebt ein Autist natürlich anders aus als ein Kuschelbär. Doch wir alle sind soziale Wesen und brauchen ein Mindestmaß an Nähe. Wir möchten gesehen, gehalten und verstanden werden. Kommt die Nähe zu kurz, erfahren wir Einsamkeit und Traurigkeit.

5. Wachstum ist vor allem deine geistige Weiterentwicklung bis zum letzten Atemzug. Unser Gehirn bildet den Vernetzungsgrad der Neuronen zurück, wenn es nicht ausreichend gefordert wird. Mit anderen Worten: Wir wachsen stetig oder verblöden schleichend.

6. Dienen – oder auch Altruismus – wurde lange als nicht evolutionsfördernd angesehen. Mittlerweile wissen wir, dass es uns auf vielen Ebenen sehr guttut, im Leben anderer Menschen einen positiven Unterschied zu bewirken.

Wie steht es bei dir? Bist du dir dieser sechs Bedürfnisse in deinem Leben bewusst? Hast du angemessene Wege gefunden, sie zu erfüllen?
Auf das rechte Maß kommt es an. Zu viel Wasser ist für unsere Rose auch nicht gut.

Tipp aus dem Erfolgswerk

Das Erfolgswerk spendiert dir einen kompletten Minivideokurs über deine sechs Bedürfnisse und wie du sie optimal erfüllen kannst. Ich lege dir sehr ans Herz, ihn ausführlich zu studieren und kreative Wege der Erfüllung zu erfinden. Geh dafür in den Leserbereich. Dort findest du den Videokurs.

Glaub mir, du wirst jede Menge erstaunliche Erkenntnisse gewinnen.

Hast du den Videokurs genossen?

Dann weißt du jetzt vielleicht besser ...

... warum du dich in manchen Situationen deines Lebens einfach nicht zu mehr Leistung motivieren konntest,

... warum manche deiner Beziehungen auseinandergehen mussten, weil euren Blumen einfach das rechte Maß an Sonne und Regen gefehlt hat,

... warum du dich manchmal so bedürftig fühlst und was du dagegen tun kannst,

... was du ab heute tun kannst, damit deine Rose alles erhält, um zu gedeihen.

Klingt gut?
Ist besser!

Selbstachtung

Wie entsteht eigentlich Selbstachtung?

Sicher nicht, indem wir uns dauernd erzählen, wie toll wir sind, den Worten aber keine Taten folgen lassen. Denn unser Unterbewusstsein registriert genau, was wir tun. Dem können wir – zum Glück – nichts vormachen.

Wie kommt ein Mensch dazu, sich selbst zu achten?

Selbstachtung steht auf zwei Säulen: Achtsamkeit + Integrität

Achtsamkeit. Ein Mensch kommt dazu, sich selbst zu achten, indem er achtsam mit sich ist. Indem er lernt, permanent mit sich selbst in Kontakt zu sein. Mit seinen Gedanken, Gefühlen, Körperwahrnehmungen. Wenn du konsequent Achtsamkeit in deinem Leben kultivierst, hast du bald kein Selbstliebe-Problem mehr. Denn wenn du präsent bei dem bist, was geschieht, wirst du in jedem Augenblick genau spüren, was dich stärkt und was dich schwächt. Ob du dich auf dem für dich richtigen Pfad oder auf Abwegen befindest. Doch als achtsamer Mensch stehst du nun vor einer neuen Herausforderung:

Integrität. Du nimmst schmerzhaft deutlich die sogenannte Mind-Behavior-Gap wahr – die Lücke zwischen deinen Werten und dem, was du tatsächlich tust. Deine Achtung für dich wächst in dem Maße, in dem du integer lebst (deinen Werten entsprechend).

Heißes Eisen. Schauen wir uns das näher an ...

IMPULS 18: WAS IST DIR WERTVOLL?

Unsere Werte unterscheiden uns von den Tieren. Eine Katze hat auch wesentliche Grundbedürfnisse (zum Beispiel Sicherheit, Stimulanz, Dominanz). Doch sie kann im Gegensatz zu dir nicht darüber nachdenken, wie sie diese ausleben möchte. Deshalb hat sie kein schlechtes Gewissen, wenn sie noch eine halbe Stunde mit der lebendigen Maus spielt, bevor sie sie genüsslich verspeist.

Du bist in der Lage, dein Handeln zu bewerten. Fühlt es sich richtig an? Ist es fair? Entspricht es deinen Grundwerten?

Moment mal! Ich habe dich ja noch gar nicht gefragt, ob du überhaupt Grundwerte hast. Bitte ruf jetzt nicht vorschnell »Na klar!«. Die meisten Menschen haben lediglich unhinterfragt Werte übernommen – von den Eltern, den Lehrern, der Partei. Solche meist unbewussten Werte erkennst du an Aussprüchen wie »Das macht *man* halt so!«, »Das darf *man* nicht«.

Doch diese »importierten« Werte bringen einige gravierende Probleme mit sich.

1. Es kann sein, dass sie überhaupt nicht zu dir passen und du dich deshalb an völlig falscher

Stelle schuldig fühlst, zum Beispiel, wenn du als Frau keine Lust hast, deine Karriere für Kinder zu opfern. Obwohl in deiner Familie alle Frauen vor dir es so gemacht haben.

2. Importierte Werte werden meist unreflektiert übernommen, das heißt, du machst es dir einfach und sagst: »Ja klar, mein Wert ist Ehrlichkeit.« Du fragst dich aber nie, was das eigentlich genau bedeutet. Der Wert bleibt unscharf, und du kommst in Konfliktsituationen ins Schwimmen.

Ich bring es mal frech auf den Punkt: Menschen ohne selbstgewählte und sorgfältig durchdachte Werte sind die Füllmasse einer Gesellschaft. Sie rennen einfach mit, wohin sie ein Anführer, eine angsterzeugende Schlagzeile oder eine geniale Werbekampagne halt ruft. Menschen ohne Werte landen gern in (scheinbar) nicht selbstverschuldeten Miseren. Sie haben's ja nicht gewusst! Sie sind nicht greifbar. Ihr Handeln ist nicht messbar. Auch nicht für sie selbst. Deshalb ist es für sie unmöglich, echte Selbstachtung aufzubauen.

Denn die entsteht, wenn du ...

1. ... deine Werte kennst.
2. ... dein Handeln wirklich danach ausrichtest.

Falls du nun nachdenklich geworden bist und dich gern näher mit deinen Werten befassen würdest, schlage ich dir die folgende Übung vor. Zugegeben: Sie wird dich Zeit und Gehirnschweiß kosten – aber es lohnt sich. Denn klare Werte helfen dir, deine Energie von allem abzuziehen, was dir nicht guttut. Sie schenken dir Richtlinien, an denen du dein Leben messen kannst.

Übung

Denk mal richtig gründlich nach und finde für die wichtigsten Bereiche deines Lebens (mindestens für Familie, die Beziehung zu dir selbst, deine Arbeit) die Top Acht der wichtigsten Werte heraus. Schreib sie auf und überleg dir, ob du mir und jedem anderen genau erklären könntest, was diese Werte bedeuten.

Noch ein Tipp: Diese Übung macht mehr Spaß zu zweit oder zu dritt. Zum Beispiel mit deinem Liebsten oder deiner Freundin. Sprecht über Werte. Dann wählt jeder (ganz wichtig) allein seine acht Werte aus. Danach tauscht ihr euch darüber aus. Ich garantiere dir, ihr habt nun brisanten Gesprächsstoff.

✻ **ERFOLGS**WERK TIPP

Um es dir etwas einfacher zu machen, stelle ich dir auf der Website eine Liste mit 100 Werten zum Download zur Verfügung.

IMPULS 19: MUT ZUR LÜCKE!

Warum stellen Menschen keine Werte auf? Weil es manchmal anstrengend ist, sich nach ihnen zu richten und sie dann bewusst zu spüren, wenn man seine Werte verrät. Ich hoffe, dir ist nach dem Lesen der letzten Kapitel dennoch klar, wie stärkend sich Integrität auf deinen Selbstwert auswirkt. Integer bist du nicht automatisch, wenn du klare Werte hast, sondern erst dann, wenn du sie auch lebst.

Die folgende Übung fordert Mut, setzt aber auch viel Kraft frei und schenkt dir Würde.

Übung

Nimm deine acht Werte (für einen Bereich). Schreib sie jeweils an den Anfang eines Blatts Papier. Nun denk schonungslos ehrlich darüber nach, wo und wie du diese Werte verrätst. Schreib all diese Mind-Behavior-Gaps[5] untereinander auf.

---

5   Nochmal: Die Lücke zwischen deinen Werten und deinem tatsächlichen Handeln.

BEISPIEL

Mein Wert in der Beziehung zu mir selbst: Fürsorge

GAP 1. Ich rauche und vergifte damit meinen Körper.

GAP 2. Ich stehe in meiner Liebesbeziehung nicht für meine wahren Bedürfnisse ein.

Können diese Erkenntnisse wehtun? Ja.

Werfen sie zum Teil unangenehme Fragen auf? Ja.

Warum solltest du diese Übung dennoch machen?

Weil du so endlich Boden unter den Füßen gewinnst.

Weil du so endlich aufhörst, dich zu verarschen.

Ein wichtiger Schritt zu mehr Selbstachtung.

Weil du nur so die Chance hast, die Lücken zu schließen und ein integres Leben zu führen.

Geh sogar noch einen Schritt weiter und beichte, wo du deine Werte verletzt hast – nicht unbedingt deinem Pfarrer, aber zum Beispiel deinem besten Freund, deinem Geliebten oder deinem Kind (wenn es schon größer ist). Du wirst sehen, wie sehr dich die Wahrheit erleichtert.

IMPULS 20: MUT ZUR BRÜCKE!

Was machst du jetzt mit all deinen GAPs? Erstmal ist es wichtig, dass du sie nicht benutzt, um dich fertigzumachen. Menschsein bedeutet, GAPs zu haben. Die meisten wissen es nur nicht. Für dich ist es nun zu spät! ;-)

Und jetzt? Ganz einfach: Schließ die Lücke oder steh dazu, dass du sie im Augenblick noch nicht schließen willst. Was du nicht akzeptieren solltest, ist der Gedanke »Ich *kann* sie nicht schließen«. Dieser Satz entmächtigt dich und sperrt alle kreativen Lösungsmöglichkeiten aus.

Nein, wir lassen nur zwei Kommentare gelten:

1. JA. Ich bin bereit, diese Lücke nun zu schließen.
2. NEIN. Ich bin noch nicht bereit.

Und weißt du was? Beides ist okay. Selbst ein ehrliches NEIN ist integrer, als die Lücke zu leugnen oder plumpe Ausreden zu erfinden.

Nachfolgend schlage ich dir eine weitere Übung vor, die dir dabei helfen kann, auf gute Weise mit deinen GAPs umzugehen.

Übung

1. Nimm dir jeden Tag nur eine Lücke vor.[6] Quasi als dein morgendliches Selbstachtungs-Fitness-programm.
2. Zieh dir noch einmal ehrlich rein, was dich diese GAP alles kostet. An Würde, Zeit, Energie, Gesundheit ...
3. Frag dich: »Will ich diese Lücke jetzt schließen, ja oder nein?«
4. Bei einem NEIN mach kurz die Augen zu und frag nach innen: »Warum nicht?« Du wirst erstaunliche Antworten bekommen.
5. Bleibt es bei einem NEIN, leg die GAP zurück auf den Haufen derer, die noch bestehen bleiben.
6. Kommt es zu einem JA, schließ kurz deine Augen und frag nach innen: »Wie werde ich das tun?« Sieh die Bilder so konkret wie möglich vor dir.
7. Schreib die Lösung bzw. den ersten Schritt dazu kurz auf und leg die GAP auf einen neuen Platz, an dem du sie immer sehen kannst.
8. Informiere mindestens einen vertrauten Menschen über deinen Entschluss!

---

6 Wenn du dir zu viel vornimmst, ist das Scheitern programmiert. Das Ganze soll Spaß machen und Erfolge zeigen!

IMPULS 21:
RAUS AUS DER KOMFORTZONE

Wenn du die letzten Übungen durchgeführt hast, ahnst du sicher schon, wohin dich die Sache mit der Integrität führen wird: an den Rand deiner Komfortzone und darüber hinaus. Wissen, was dir wertvoll ist, was dir guttut, reicht nicht.

Selbstachtung und Selbstliebe wachsen nur, wenn du bereit bist, ...

- ... den entscheidenden Schritt dafür zu gehen,
- ... deine Bequemlichkeit zu überwinden,
- ... Peinlichkeiten, Fehler, Ablehnung in Kauf zu nehmen.

Irgendwann (und niemand von uns weiß, wann) stirbst du.
Und wenn du dann noch klar in der Birne bist, wirst du dir vor Wut in den Arsch beißen wegen all der Dinge, die du aus Angst vor ... nicht versucht hast.
Mein Trick: Mach es. Geh jeden Tag mindestens einmal bewusst aus deiner Komfortzone heraus. Irgendwann dreht sich das Spiel. Aus Angst wird Erregung, und du kannst das nächste Abenteuer gar nicht erwarten.

✳ ERFOLGSWERK **TIPP**

Auf der Website findest du als »sanfte« Ermutigung für deine nächsten Schritte zwei Audioaufzeichnungen. Die eine zeigt dir einen konstruktiven Umgang mit der Angst, die andere tritt dir liebevoll in den Ausreden-Hintern.

Heilung

Der alte Mann und der Baum[7]

Es war einmal ein junges Paar. Nach der Heirat zog es frisch verliebt in ein neues Haus ein. Zur Erinnerung ihrer Liebe pflanzten der Mann und die Frau vor dem Haus ein Bäumchen. Jeden Morgen gingen sie in den Garten und erfreuten sich an seinem Wachstum. Es war in ihren Augen ein perfektes, wunderschönes Bäumchen. Doch eines Tages stellten sie stirnrunzelnd fest, dass es nicht mehr ganz gerade wuchs. Es war eine wilde, ungestüme Pflanze ... Sie fühlte sich geliebt und vertraute deshalb dem Leben. Sie wollte sich frei und lustvoll nach allen Seiten ausprobieren. Das entsprach jedoch nicht den klaren Wunschvorstellungen des Pärchens. Also begannen die beiden, das Bäumchen ihren Erwartungen anzupassen. Sie fixierten es mit starken Seilen und schnitten alle störenden Äste ab. Am Anfang kämpfte es noch gegen die Einzwängungen, doch dann kapitulierte es und gab sich den Anforderungen hin. So wuchs es im Laufe der Jahre zu einem staatlichen, kerzengeraden und vollkommen symmetrisch geformten Baum heran. Der Mann und die Frau waren sehr stolz und präsentierten all ihren Freunden IHRE Schöpfung. Sie

---

7   Die Grundidee zu dieser Geschichte verdanke ich einem meiner wichtigsten Lehrer, Frank Fiess.

übersahen dabei, dass der Baum zwar perfekt war – aber tieftraurig. Er funktionierte gut. Das wusste er. Doch er fühlte sich nicht mehr geliebt, wie er war. Schlimmer noch, er wusste nicht, wer und wie er wirklich war. Er produzierte nur noch das Mindestmaß an Blättern. Gerade so viel, um die Erwartungen zu erfüllen. Nach vielen Jahren verkaufte das Paar das Haus. Ein alter Mann zog ein. Auch er besuchte jeden Morgen den Baum im Garten. Sehr bald spürte er den Schmerz dieses wunderschönen Wesens. Er löste die Seile und verzichtete darauf, den Baum zu beschneiden. Stattdessen legte er jeden Tag für einige Minuten seine Hände still und sanft auf die Rinde des Baumes. Dieser war zuerst sehr, sehr misstrauisch. Was sollte das jetzt?

Dann, als er langsam begann zu vertrauen, stieg ein uralter Schmerz in ihm auf. Die bedingungslose Liebe des alten Mannes erinnerte ihn daran, dass er sich selbst nicht mochte. Ja wie auch, da er doch vergessen hatte, wer er wirklich war. Zuerst bekämpfte er den Schmerz. Er war gewohnt, zu funktionieren und zu strahlen.

Doch dann – wahrscheinlich, weil er die Anstrengung leid war – gab er sich hin. Und siehe da, der Schmerz war nur ein Vorbote vieler anderer Gefühle. Manchmal brannte Zorn in ihm – über die ihm und so vielen Bäumen widerfahrene Beschneidung. Traurigkeit erzählte ihm flüsternd von all den verlorenen Chancen. Und manchmal hatte er Angst vor dem Unbekannten. Er ließ diese Gefühle in sich kommen und wieder gehen. Vielleicht half ihm das ruhige Vertrauen, das der Alte über seine Hände auf seine Rinde übertrug. Und dann geschah ein Wunder. Eines Morgens bekam er Besuch von einem neuen Gefühl … einer zarten, süßen Sehnsucht. Er folgte ihrem Lied in die Tiefen seiner Wurzeln und fand hier die Erinnerung an jene ersten Tage seines Lebens, in denen er ohne Zweifel gewusst hatte, dass das Leben ihn liebte und dass es seine Bestimmung war, frei zu wachsen. Die Sehnsucht, gepaart mit jenem neu erwachten Urvertrauen, wandelte sich in unbändige, frische Lust. Eine Lust am Leben, am Wachsen, am Lernen, am Ausbreiten. Sie schoss wie ein heilsames, quickvitales Elixier aus den Wurzeln in den Stamm. Von hier breitete sie sich mit einem stillen Jubilieren in allen Zweigen bis in die winzigsten Spitzen aus.

An diesem Morgen lächelte der alte Mann, als er den Baum mit seinen Händen liebkoste. Zufrieden setzte er sich auf seine Bank und sah staunend dabei zu, wie der Baum leise in Liebe zu sich selbst erzitterte und die ersten neuen grünen Knospen an völlig unerwarteten Stellen hervorbrachte. Er weinte vor Glück. Denn er war Zeuge eines Wunders.

Komm nach Hause

Wir könnten die Beschäftigung mit dem Thema Selbstliebe schnell abstempeln – als Luxuserscheinung unserer verwöhnten Konsumgesellschaft. Doch das ist sie nicht. Ja, wir haben in unseren Breitengraden so viel. Doch die Tragik unserer Welt liegt im Verlust des Seins. Menschen, die erkannt haben, dass es ihnen an Selbstliebe fehlt, und die sich auf den Weg begeben, sie zu finden, folgen dabei zutiefst menschlichen Sehnsüchten.

Wir sehnen uns danach, ganz zu werden. Uns ganz zu fühlen. Ganz zu sein.

Das Wort *heil* findet seine Wurzeln in mehreren Sprachen in dem Wort *ganz, gesund, erlöst*.

Mit Heilung assoziieren die meisten Menschen die Genesung ihres Körpers. Doch wir sind noch so viel mehr als dieses liebenswerte Fleischklöpschen.

Heilung im spirituellen Sinne bedeutet:

Erkenntnis. Zu erkennen, wer du wirklich bist.

Ganzwerdung. Dich in all deinen Aspekten nach Hause zu holen – den schönen und den hässlichen.

Erlösung. Dich selbst zu erlösen von all den unnötigen inneren und äußeren Kämpfen.

Befreiung. Dir endlich zu erlauben, das Wesen zu sein, das du wirklich bist.

Für mich ist dies die essenzielle Ebene der Selbst-liebe. Hier geht es nicht mehr darum, perfekt zu sein, sondern deine natürliche Vollkommenheit zu entdecken. Hier schließt sich der Bogen zu deinem radikalen JA, das ich dir am Anfang dieses Buchs vorgeschlagen habe. Wenn du dir eine Zeit lang – sagen wir, für drei Monate – mit diesem JA begegnest, wirst du Wunder erleben. Du wirst wie der Baum die Erfahrung machen, dass die Erinnerung an dein Heilsein immer in deinen Wurzeln gespeichert war. Egal für wie »neurotisch-be-kloppt« du dich hältst, unter diesen antrainierten Mustern wartet IMMER dein wahres Wesen auf dich. Und das ist schön. Gut. Vertrauend. Liebend.

Ich darf auch dieses Kapitel sehr kurz halten, da ich dem Verlag versprochen habe, das kompakte Pocket-Format dieser Serie einzuhalten. Ehrlich, das fällt mir nicht leicht. Denn ich weiß, dass du, wenn du bis hierher nicht nur gelesen, sondern auch ausprobiert hast, einen wunderbaren Weg beschritten hast. Und ... das ist nur der Anfang! Diese letzten Impulse zum Thema Selbstheilung haben es in sich. Deshalb stelle ich dir wieder ver-tiefendes Material auf www.erfolgswerk.tips zur Verfügung. Bitte nutze es. Es führt dich in die di-rekte Erfahrung dessen, was ich hier beschreibe. Außerdem findest du auf der Website weiterfüh-rende Literatur zu diesen Themen.

Was hast du beim Lesen der Geschichte vom kleinen Bäumchen gedacht und gefühlt? Manche meiner Klienten, denen ich sie erzählt habe, haben angefangen zu weinen und den Wunsch geäußert: »Ich hätte gern so einen alten, weisen Mann oder eine Frau in meinem Leben.«

Nun, manche von uns haben tatsächlich Glück, und ihnen begegnet so ein liebevolles, erinnerndes Wesen. Doch das Gute ist: Wir müssen nicht auf so eine Begegnung warten. Wir können selbst unsere Heiler sein.

Befreie den Baum in dir und heile deine Wurzeln.

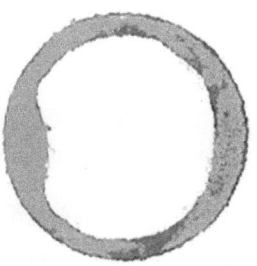

IMPULS 22: HOL DICH NACH HAUSE

Ich glaube, wir alle finden ungeliebte Aspekte in uns.

Körperstellen, die wir nicht mögen.

Charaktereigenschaften, die wir ablehnen.

Bestimmte Verhaltensmuster, die wir peinlich finden.

Wie viel Energie investierst du in den Kampf gegen diese Anteile an dir? Und wie sinnlos ist das? Sie sind ja eh in dir. Du kämpfst also die ganze Zeit gegen dich selbst. Hör damit auf. Im Folgenden schlage ich dir eine Übung vor, mit deren Hilfe du dich mit den ungeliebten Anteilen deiner selbst versöhnen kannst.

Übung

Erinnerst du dich an Impuls 2, als du dir vor dem Spiegel sagen solltest, was du alles nicht an dir magst? Ich lade dich nun ein, einen Schritt weiterzugehen und deine ungeliebten Anteile endlich nach Hause zu holen. Vielleicht hast du ja noch die Liste von Impuls 2. Ansonsten schreib noch einmal alles, was du an dir ablehnst, auf ein Blatt Papier: die zu große Nase, der zu kleine Busen, dein Neid, deine Unsicherheit ...

Nun nimmst du dir jeden Morgen einen Aspekt vor und lädst ihn ein, nach Hause zu kommen. Am besten setzt du das wortwörtlich um. Schreib auf einen Zettel: »Meine große Nase sei heute mein willkommener Gast.«[8] Kleb den Zettel an die Innenseite deiner Wohnungstür. Das mag dir seltsam vorkommen, doch dein Unterbewusstsein reagiert stark auf konkrete Rituale. Es wird wach! Es ist dann besonders offen für Neues.

Jetzt sprich im Lauf des Tages immer wieder mit deiner Nase wie mit einem sehr willkommenen Gast: »He, du große Nase. Schön, dass du da bist. Fühl dich wie zu Hause ...«

Stell dir tagsüber die folgenden Fragen:

Wer sagt eigentlich, dass meine Nase zu groß ist?[9]
Was könnte der verborgene Wert meiner zu großen Nase sein?
Was könnte ich durch sie lernen?
Wie wäre es, wenn ich komplett aufhörte, gegen sie zu kämpfen? Wie würde sich das anfühlen?

---

8   Keine Panik. Morgen kannst du wieder gegen die Nase kämpfen, wenn du es denn noch möchtest. ;-)

9   Wusstest du, dass im alten Japan genau die Gegenstände, die nicht harmonisch schön wie alle anderen waren, als besonders vollkommen bewundert wurden? Zum Beispiel wurden bei Teezeremonien bewusst nur Trinkschalen verwendet, die wir als schief und misslungen betrachten würden.

Was ist schön an ihr?
Wie könnte gerade meine Nase ein wichtiger
Schlüssel zu meinem Glück werden?

Du wirst erstaunt sein, welche überraschenden und befreienden Erkenntnisse dir kommen werden. Oft ist es so, dass uns das Leben just an diesem Tag noch passende Ereignisse schickt. Achte auch auf deine Träume.

Und, wie fühlt es sich an, all das, was du an dir selbst nicht magst, nach und nach zu dir zurückzuholen? Ach, und übrigens: Kennst du das Märchen vom hässlichen Entlein?

IMPULS 23:
UMARME DEINE EMOTIONEN

Welche Gefühle magst du nicht?
Welchen fühlst du dich ausgeliefert?
Welche versuchst du zu unterdrücken?

Viele Menschen haben überhaupt kein Selbstliebe-Problem. Sie stehen lediglich auf Kriegsfuß mit ihren Gefühlen. Und dann wird es schwierig. Denn dadurch ist ein großer Teil ihrer Lebenskraft in dem ungeliebten Gefühl und noch mehr Kraft in dem Kampf dagegen gebunden.

In meinem Buch »Heirate dich selbst« gehe ich sehr ausführlich auf die Bedeutung der emotionalen Intelligenz für unseren inneren Frieden ein. Heute und hier halten wir es ganz praktisch. Auf der Website findest du nämlich alles, was du brauchst, um deinen ungeliebten Gefühlen näherzukommen.

Wenn du das nächste Mal gegen ein Gefühl kämpfst (Zorn, Angst, Schmerz, Trauer ...), geh auf deine Leserseite im Erfolgswerk. Dort erwartet dich die geführte Meditation »Emotionale Selbstheilung«. Nutze sie, so oft du willst. Bis du den Prozess verinnerlicht hast und alle deine Gefühle in dir willkommen heißen kannst.

IMPULS 24:
BESCHÜTZE DEIN INNERES KIND

Dein inneres Kind ist kein real existierendes Wesen, aber ein wichtiger – vielleicht sogar der wichtigste – Anteil deiner Persönlichkeit. Es ist die Quelle deiner Kreativität, deines Staunens, deines Urvertrauens. Mein schamanischer Lehrer erklärte es mit folgender anschaulicher Metapher: Jedes Mal, wenn wir in unserer Kindheit missbraucht, verletzt, alleingelassen wurden, hat sich ein weiterer Teil unseres inneren Kindes hinter einem großen Baum versteckt. Irgendwann ist für viele von uns dieser urkindliche Wesenskern gar nicht mehr zugänglich. Zurück bleibt ein »Erwachsener«. Vernünftig, erzogen, funktionierend. Doch das Kind in dir ist immer da. Es wartet hinter dem großen Baum darauf, dass du es zurück in dein Leben rufst. Es wartet auf die Zeit, in der du ihm all das geben wirst, was dir damals gefehlt hat. Klingt das seltsam? Probier es selbst aus. Das Erfolgswerk hilft dir dabei.

Im Erfolgswerk wartet eine geführte Meditation auf dich, die dich direkt zu einer wunderschönen Begegnung mit dem kleinen Jungen bzw. Mädchen in dir bringt.

Keine Angst, du wirst dadurch, dass du die Begegnung mit deinem inneren Kind zulässt, ja sogar einübst, nicht infantil. Du wirst softer. Du wirst mehr in dir ruhen.

> Dein inneres Kind wird dir zeigen,
> was es bedeutet, gut auf dich aufzupassen.

Ruf es in dein Leben.
Umarme es.
Beschütze es.
Es wird dich auf vielen Ebenen unendlich beschenken.

IMPULS 25:
FUCK-ALL-OPTIMIZATION-DAY

Der Selbstoptimierungswahn ist eine der gefährlichsten, weil gesellschaftlich geförderten Süchte. Alles kann in der richtigen Dosis Medizin und in der falschen Dosis Gift sein. Bitte missbrauche keinen Ratgeber, auch nicht meinen, um daraus eine weitere Pflichtnummer zu machen.

Diese erlösende Nichtübung schließt an die Übung an, die du in Impuls 22 kennengelernt hast: dein Fuck-all-Optimization-Day.[10]

Selbstliebe ist kein MUSS, sondern ein Geschenk. Es auszupacken darf Freude bereiten.
Wenn es das nicht tut, dann rufe offiziell einen **Fuck-all-Optimization-Day** aus.
An diesem Tag musst du kein Gramm abnehmen. Du musst nicht positiv denken. Du kannst jammern, so viel du willst.
Du kannst alles, inklusive dir selbst, scheiße finden.
Du musst nicht in Büchern lesen wie diesem hier.

---

10 Falls du Anglizismen nicht magst, hier die deutsche Entsprechung: »Scheiß-auf-jede-Optimierung-Tag«. Auch gut.

Wenn jemand dich mit Verbesserungsratschlägen belästigt, sag ihm: »Sorry, geht heute nicht. Ich habe einen Fuck-all-Optimization-Day. Morgen wieder ...«

Du musst dich an diesem Tag keinen Millimeter verändern. Sei einfach, wie du bist.

Wie oft solltest du so einen Tag einlegen?
Es gibt kein »sollte«. Was willst du?
Einmal pro Woche? Fein.
Jeden Tag? Auch fein.

Das Universum wird sich weiterdrehen.
Und sehr wahrscheinlich machst du eine erstaunliche Entdeckung.
Doch die verrate ich dir nicht. Das musst du selbst herausfinden.

※ ERFOLGSWERK TIPP

Ich möchte dir für diese Tage noch ein sehr befrei-
endes Mantra vorstellen. Es zeigt erstaunliche Wirkung. Bitte geh in den Leserbereich und schau dir
das dreiminütige Video »Na und!« an. Dort erklärt
dir mein jüngeres ICH das Mantra.

IMPULS 26: BADE IN LIEBE

Was uns in Beziehungen manchmal in bedürftige Bettler verwandelt, ist die fixe Idee, die Erfahrung von Liebe sei an bestimmte Umstände und Personen geknüpft. Früher waren es Mutti und Vati, die uns anlächeln und loben mussten, damit wir Liebe fühlen konnten. Heute ist es der bewundernde Blick einer Frau, der Blumenstrauß des Ehemannes oder die Anbetung unseres Hundes, die uns gestatten, uns geliebt zu fühlen.

Versteh mich nicht falsch. Ich finde es wunderbar, in solchen Augenblicken Liebe zu empfinden. Doch wenn wir uns davon abhängig machen, haben wir ein Problem. Dann rennen wir ihnen ständig hinterher.

Kleinkinder haben noch kein Konzept davon, dass sie sich Liebe verdienen müssten. Sie fühlen sie einfach. Basta. So einfach.

Die gute Nachricht: Du kannst – egal wie alt du bist – wieder lernen, völlig grundlos Liebe in dir freizusetzen. Hast du Lust, es auszuprobieren? Das Erfolgswerk hat da was für dich ...

Geh auf www.erfolgswerk.tips und genieße die Meditation »In Liebe baden«. Wenn du sie einige Male erlebt hast, wirst du in der Lage sein, wann und wo du willst, Liebe in dir zu induzieren.

Stell dir das mal vor:
Liebe, wann und wo immer du willst!
Was für eine Freiheit!

IMPULS 27:
DEINE LIEBESERKLÄRUNG

Wir nähern uns dem Ende der Selbstliebe-Kur, liebe Leserin, lieber Leser. Nun erwartet dich, quasi als krönender Höhepunkt, der ultimative Selbstliebe-Test.

Stell dich nackt vor deinen Spiegel.
Schau dich zuerst ruhig in all deiner menschlichen Verletzlichkeit an.
Nimm wahr, wie es dir gerade geht. Was dir durch den Kopf geht.
Dann schau dir direkt in die Augen und sage dir: »Ich liebe dich.«
Sag es sanft oder wild.
Zart oder lustvoll.
Ernsthaft oder mit einem Augenzwinkern.
Halte den Augenkontakt und wiederhole den Satz immer wieder.
Erlaube dir, alle auftauchenden Emotionen ehrlich zu fühlen.
Unbeholfenheit, Scham, Lächerlichkeit, Zärtlichkeit, Sinnlichkeit, Stille, Weite …
Erkläre es dir immer wieder.
»Ich liebe dich.«
Manchmal geht es sehr schnell.
Manchmal braucht es einige Minuten.

Bis du es spürst ...
Bis du dich von dir selbst angenommen und ge-
liebt fühlst ...
Bis du erkennst, dass du dich nie nicht geliebt
hast.
Du hattest es nur vergessen.

Du liebst dich.
Stimmt's?

EPILOG

Ich hoffe, dieses Buch hat dir Lust gemacht, dich noch viel tiefer und ganz frisch zu entdecken. Wenn du erst einmal begonnen hast zu begreifen, was Selbstliebe beinhaltet und wie leicht sie durch einfache Gesten zu kultivieren ist, stehen dir täglich neue wundersame Entdeckungen mit dir selbst bevor.

Denn du bist kein eindimensionales Wesen. Kein Rädchen im großen Getriebe.

Du bist ein komplexes und tiefgründiges Wunder.

Egal wie viel du bereits über dich zu wissen glaubst, es ist immer nur die Spitze des Eisbergs.

Da gibt es noch so viel mehr ...

Ich wünsche dir, dass du es dir wert bist, dich selbst heute und morgen und übermorgen zu überraschen.

Ich wünsche dir, dass dieses Buch nur ein kleiner Schritt auf einer nie endenden Abenteuerreise ist, dich selbst zu entdecken.

Nicht aus Selbstsucht. Das wäre langweilig.

Sondern aus Respekt.

Respekt für die Kostbarkeit deines Lebens.

Ich weiß nicht, woran du glaubst.

Vielleicht tröstest du dich manchmal mit dem Gedanken an weitere Leben oder einen Himmel, wo du dann all das aufholen wirst, was du heute verpasst.

Ich glaube auch, dass die Welt, die ich heute sehen und berühren kann, nicht die einzige ist.

Doch sicher bin ich mir nur in einem:

Alles, was du und ich wirklich haben, ist JETZT. Dieser Augenblick.

Selbstliebe bedeutet, dich diesem Augenblick voll hinzugeben, damit dich das Leben endlich voll beschenken kann.

Danke, dass du so viele Augenblicke mit mir verbracht hast.

Ich wünsche dir ein glückliches Leben.

Veit

ANHANG

Über das Erfolgswerk

Das Erfolgswerk ist ein spielerisch-ernst aufzufassendes Bildungsprojekt, das es sich zur Aufgabe gemacht hat, die für unser Glück so wichtige Erfahrung der Selbstwirksamkeit als Gesprächs- und Entwicklungsthema breiten Teilen der Bevölkerung zugänglich zu machen.

Das geistige Fundament des Erfolgswerks sind zwei Kernthesen:

1. Niemand lebt bereits sein volles Potenzial. Es geht immer noch viel mehr.
2. Ein Mensch, der weiß, was er wirklich-wirklich will, und sich dafür erfolgreich einsetzt, nutzt der gesamten Gesellschaft.

Die zentrale Austauschplattform des Erfolgswerks ist die Website **https://homodea.com/kurs/ erfolgswerk.**
Hier und auf der Website **www.veitlindau.com** findest du wertvolle Informationen, interaktive Bücher, Interviews, Videos ... rund um die Themen Erfolg und Selbstwirksamkeit. Die Leser dieses Buchs erwartet auch ein eigener Leserbereich mit Zusatzmaterial.

Das agile und multimediale Projekt wurde von Veit Lindau initiiert und ist offen für viele weite-

re Erfolgsexperten, ermutigende Beiträge und Selbsterfahrungsberichte! Immer her damit!

Mehr gutgesinnte UND erfolgreiche Menschen braucht das Land.

Weiterführende Buchtipps

Unter **www.veitlindau.com/buecher** findest du Hinweise auf weiterführende Literatur. Die Liste wird ständig ergänzt.

Veit Lindau
Autor. Trainer. Speaker.

Veit Lindau (geb. 1969) wirkt als Teacher, Speaker und Autor. Er versteht sich als liebevoll-konsequenten Reformer, achtsamen Businesspunk und Freigeist. Er gilt im deutschsprachigen Raum als führender Experte für eine integrale Selbstverwirklichung des Menschen. Durch erfolgreiche Unternehmen und Projekte (Life Trust Akademie, HUMAN TRUST AG, ichliebedich-Stiftung) demonstriert er, dass es möglich ist, Sinnhaftigkeit und Erfolg miteinander zu vereinen.

Sein gegenwärtiges größtes Projekt ist die Entwicklung des HUMAN TRUST, einer integralen Coaching- und Vernetzungsplattform mit mehreren tausend Mitgliedern. Seine Bücher, einige Bestseller (»Werde verrückt«, »SeelenGevögelt«, »Heirate dich selbst«, »Liebe Radikal«, »NO Problem«), sind provokante, liebevolle Weckrufe.

Energisch und augenzwinkernd ruft er dazu auf, im täglichen Leben konkret umzusetzen, was wir alle bereits wissen. In seinen Vorträgen und Seminaren ermutigt, inspiriert und fordert er heraus.

Texte, Videos und Events:
www.veitlindau.com

Bleib täglich mit Veit in Kontakt:
www.facebook.com/veitlindau

humantrust
Weil dein Leben kostbar ist.

Herzlich willkommen auf Europas größter
Life Coaching Plattform, deinem Wachstumsfeld für
gutes Leben! Mit Andrea und Veit Lindau und vielen
anderen renommierten Expert*innen für alle essenziellen
Bereiche des Lebens: Fitness, Meditation, Erfolg,
Partnerschaft, Business ... Tagesimpulse, Intensivkurse,
Live Videos, Austauschgruppen ...
Wenn du mehr willst – mehr Fokus, inneren Frieden,
Erfolg, Beziehung, Gesundheit, Vernetzung mit guten,
wachen Leuten – dann bist du hier richtig! Ab jetzt ist
der Personal Coach für alle da.
**Schau doch mal vorbei: www.humantrust.com /
www.homodea.com**

Heirate dich selbst

Wie radikale Selbstliebe dein Leben revolutioniert

Der zentrale Schlüssel für Erfolg UND Erfüllung ist deine radikale Selbstliebe. Dafür musst du kein Egoist oder Narzisst sein. Im Gegenteil. Selbstliebe ist aktiver Umweltschutz.

Das Bestseller-Buch und ein gleichnamiger 21-tägiger Onlinekurs mit Veit Lindau.

Mach Frieden mit dir. Nimm dich an. Begrüße deinen Schatten. Umarme Deine Schwächen. Heile deine Wunden. Befreie deinen Geist. Lass los, was dir schadet. Wähle, was dich stärkt.

Dieses JA! zu dir ist ein revolutionärer Akt. Sei Dir treu. Heirate dich selbst und du bist frei. Was unsere Welt braucht, ist Liebe. Und die beginnt mit dir. Liebe dich und deine Liebe rettet die Welt.

Heirate Dich selbst ...
und Du bist frei.

www.heirate-dich-selbst.de